BAJO CERO

PHILIPP BAGUS
DAVID HOWDEN

BAJO CERO

EL COLAPSO FINANCIERO DE ISLANDIA

Traducido por:
Adrián Rodríguez, Andrés Ruiz, Yago Mateos,
Daniel Fernández, Santiago Fuertes y Àlvar Valls.

Unión Editorial
2025

© 2024 Philipp Bagus y David Howden
© 2025 UNIÓN EDITORIAL, S.A.
c/ Hilarión Eslava, 21 • local • 28015 Madrid
Tel.: 913 500 228
Correo: editorial@unioneditorial.net
www.unioneditorial.es

ISBN: 978-84-7209-942-5
Depósito legal: M-4.921-2025

Compuesto e impreso por EL BUEY LIBERAL, S.L.

Printed in Spain • Impreso en España

ÍNDICE

7

ÍNDICE DE TABLAS

ÍNDICE DE ILUSTRACIONES

PRÓLOGO

En el presente libro, los jóvenes profesores Bagus y Howden documentan la desafortunada historia de las erróneas políticas del gobierno islandés, causantes de un auge económico artificial, que llevó de forma inevitable a un espectacular colapso.

Poco hemos aprendido desde que Mises y Hayek nos mostraran sabiamente el camino correcto en lo que a la teoría del ciclo económico se refiere. Los autores de este libro son herederos intelectuales de estos dos gigantes de la economía del siglo XX, y presentan al lector el caso de la pequeña nación de Islandia en el contexto de la economía global, analizado, de manera magistral, desde la perspectiva de la Teoría Austriaca del Ciclo Económico.

Se trata de un libro breve, que espero motive a más autores a escribir sobre otros países más grandes (al fin y al cabo, todos estamos interconectados) y espero que lo hagan a través del conocimiento aportado por los grandes maestros de la Escuela Austriaca. A todos esos economistas que asumen que la revolución marginalista ha sido totalmente integrada en la economía mainstream, y que nada tiene que contribuir a este campo la Escuela Austriaca de Economía, les pediría que reflexionen sobre la Teoría Austriaca del Ciclo Económico y el estado demostrado de la misma, tal y como se describe en este libro en relación a Islandia, y que piensen en lo que están haciendo cuando aconsejan a los gobiernos «estimular la demanda» artificialmente.

Escribo esto como alguien muy involucrado en la economía islandesa. Como mayorista y minorista de pescado fresco en el Reino Unido, Islandia representa alrededor del diez por ciento de mis líneas de suministro. Durante unos veinte años, he trabajado con las distintas partes de la comunidad pesquera islandesa y sus valientes pescadores que se convirtieron en banqueros. No se dejen engañar, son gente fuerte. Aunque no me gusta hacer generalizaciones sobre toda una población, se trata de los herederos de los vikingos: viven en un ambiente extremadamente duro y se recuperarán muy rápidamente si su gobierno se lo permite.

Un exitoso procesador de bacalao y langostinos me contó que, a pesar de estar en bancarrota, como la mayoría de las empresas islandesas, recordaba cómo hace tan solo 34 años solía quedarse con su abuelo en una casa construida a base de piedras y hierba, sin calefacción ni agua corriente. Según él, el actual colapso económico sería poco más que un pequeño revés.

Bagus y Howden describen cómo se incentivó a la comunidad empresarial islandesa a endeudarse en yenes japoneses y francos suizos, con sus bajos y atractivos tipos de interés. Llegado el colapso, se me pidió «rescatar» a muchas de estas empresas. El principal problema de que los bancos fueran los dueños de prácticamente la totalidad de empresas en quiebra y fuertemente apalancadas (que eran, y son, buenas empresas pesqueras, aunque endeudadas hasta el cuello), es que los mismos eran a su vez propiedad del gobierno. El gobierno, no queriendo que la vida útil de las cuotas pesqueras cayera en manos de un acreedor extranjero, no permitió, y sigue sin permitir, que estas empresas quiebren. Esta acción irresponsable por parte del gobierno garantiza que estas empresas pesqueras «zombificadas» sigan sin vida durante muchos años. La realidad es que hace falta nuevo capital, y la única manera de conseguirlo es dejar quebrar a las empresas sin vida y permitir que tenga lugar la necesaria reorganización de su gestión y su estructura de capital. ¡Nadie en un millón de años compraría empresas apalancadas más de 30 veces sobre sus beneficios previos a los impuestos!

Ver la desaparición de empresas anteriormente solventes que de repente se volvían insolventes con préstamos en francos suizos y yenes no es algo que desee a nadie. Si bien cada individuo es responsable de sus actos, al ser el Estado islandés quien estableció las condiciones para que la decisión racional fuera participar en el auge, la culpabilidad debe recaer, en última instancia, en el creador del problema: el Banco Central de Islandia.

La realidad es que mientras que toda la economía islandesa ha colapsado, el Banco Central de Islandia, creador del entorno que causó el colapso, existe a día de hoy sin sufrir modificaciones. ¿Aprenderán alguna vez? Si se tratase de una empresa privada, habría sido liquidada y todos sus activos habrían sido vendidos al mejor postor. «Acabemos con ellos» debería ser la consigna hacia estos reguladores fracasados y manipuladores. Es eso lo que deberíamos decir a los bancos centrales de todo el mundo.

Durante el colapso, recuerdo ver a los pescadores regresar al puerto tras sus salidas al mar con las bodegas llenas de valiosos peces que se deterioraban minuto a minuto, mientras el banco central no hacía nada en absoluto. Empresas como la mía no podían realizar transacciones con ellos, ya que no podíamos convertir libras esterlinas o euros en coronas islandesas (no existía ese mercado). En un momento dado, mi director financiero y yo llenamos una maleta de libras esterlinas, dólares y euros, dispuestos a subir a un avión y entregar físicamente el efectivo a cambio de pescado. Afortunadamente, encontramos a un agradable agente de viajes, incapaz de creer su suerte al encontrar a dos hombres ingleses con moneda fuerte dispuestos a adquirir sus «inútiles» coronas islandesas. Para él, los Reyes Magos habían llegado antes de lo previsto. Llegamos a un acuerdo, y utilizamos el stock de dinero (coronas) que le habían dado para facilitar la compra de pescado fresco; en estas circunstancias, era necesario alcanzar nuestros objetivos. En honor a la verdad, el banco central islandés nos advirtió (por correo electrónico y apenas 20 minutos antes de declararse oficialmente en bancarrota) que no les enviáramos dinero para abastecer a nuestros pescadores, ¡pues ellos mismos estaban quebrando!

Para empeorar las cosas, el nuevo gobierno islandés ha decidido, en su infinita sabiduría, que los ciudadanos de Islandia deben ser los dueños de las cuotas de pesca. ¡Durante los próximos 20 años, un 5% de dichas cuotas serán expropiadas a los actuales propietarios, de forma que nunca más puedan estar en manos de extranjeros! Lo que no entiende el gobierno de Islandia es que un banquero en Ginebra o en Tokio no quiere cuotas pesqueras, ¡lo que quiere es dinero! La realidad es que estos banqueros extranjeros venderán sus cuotas a los empresarios pesqueros islandeses, que estarán dispuestos a comprarlas con un descuento. Espero que la razón impere y que las cuotas pesqueras sean privatizadas en lugar de seguir la trayectoria actual, que dispone a la industria pesquera islandesa a zombificarse.

El caos nunca es una buena política económica. Los planificadores centrales, así como los bancos centrales, son tan incapaces de fijar el precio del dinero, como de fijar el precio diario del bacalao. No se debe interferir con el dinero de la gente. En el caso de Islandia, si se les hubiera dejado tranquilos, habrían seguido prosperando con una fuente de materia prima abundante y sostenible: el pescado. Pescan en algunos de los mejores caladeros del mundo. Además, poseen una espectacular fuente de energía geotérmica barata, que pueden utilizar para reconstruir en el largo plazo una economía próspera.

Disfruten de la lectura.

TOBY BAXENDALE

I
INTRODUCCIÓN

Después de la quiebra del banco de inversión estadounidense Lehman Brothers a finales del año 2008, en una impactante manifestación de la interconectividad de la economía global, los mercados de crédito de todo el mundo se paralizaron. Cuando pasó la tormenta, la crisis había acabado con miles de millones de dólares en inversiones y los previamente funcionales mercados de crédito se habían paralizado. La bancarrota más espectacular de la crisis financiera del 2008 fue el derrumbe del sistema financiero de Islandia. Este colapso es especialmente curioso teniendo en cuenta que Islandia no es un país subdesarrollado (se encontraba en tercer lugar en el Índice de Desarrollo Económico de las Naciones Unidas del 2009).

Durante los años previos al colapso, Islandia experimentó un auge económico. Su sistema financiero se expandió considerablemente; una nación con una población cercana a la de Bilbao, y un tamaño un poco mayor que Portugal erigió un sistema bancario cuyos activos totales eran diez veces el tamaño del PIB del país. Los precios de las viviendas y de las acciones se dispararon, y consecuentemente también la riqueza de Islandia. La economía, tradicionalmente basada en la pesca, fue alterada de forma dramática. La ingeniería financiera se convirtió en la carrera profesional preferida por los jóvenes ambiciosos, en lugar de la tradicional gestión de recursos naturales. Era tan probable que los jóvenes de las calles de Reikiavik conocieran la fórmula Black-Scholes como la captura de salmón del día. Gente de todo tipo quería trabajar en la industria bancaria. Un médico de cabecera citó su experiencia en la comunicación a diario con las personas como su activo clave.[1] Niños y niñas, cuando les preguntaban qué querían ser de mayores, inocentemente y sin dudas respondían: «banqueros».

El sector bancario creció tanto que tenía problemas para encontrar talento suficiente y, sobre todo, trabajadores experimentados en un país tan pequeño. El creciente sector financiero se llevó a los mejores empleados de otros negocios islandeses tradicionales.

Entonces, en otoño del 2008, el sueño de la riqueza ilimitada terminó súbitamente con la quiebra del estado islandés. El tipo de cambio de la corona islandesa cayó en picado, los tres grandes bancos islandeses (Landsbanki, Kaupþing y Glitnir) fueron nacionalizados, la tasa de desempleo se disparó y la tasa de inflación llegó al 18% a finales de 2008. En unos pocos meses, los islandeses perdieron no solamente la riqueza que habían acumulado durante el corto *boom*, sino también buena parte de los ahorros acumulados por los que habían trabajado tan diligentemente durante muchos años. La bolsa cayó un 90%. *Statistics Iceland* informa que los precios de las viviendas de Reikiavik cayeron más del 9% durante 2009.[2] Los ahorros que quedaron cambiaron de lugar y de tipo. En lugar de depositar su dinero en los bancos, los islandeses preferían tener divisas extranjeras; se deshacían de sus coronas cada vez que podían. Empezaron a acumular alimentos y suministros.

Con el gobierno en bancarrota, los islandeses perfectamente podrían haber experimentado hambre si no hubiera sido por la ayuda extranjera. Los préstamos del exterior para garantizar las importaciones esenciales de comida llegaron de países escandinavos con estrechos lazos con Islandia. El gobierno estableció regulaciones y controles al tipo de cam-

---

[1] Armann Thorvaldsson, *Frozen Assets: How I Lived Iceland's Boom and Bust* (Chichester, UK: John Wiley and Sons, 2009), p. 147.

[2] *Statistics Iceland*

bio para limitar el uso de divisas a la compra de las nuevas valiosas importaciones, como la comida, las medicinas y el petróleo.

¿Qué hizo posible tal auge y depresión? Los análisis superficiales habituales sobre la crisis económica de Islandia han emulado aquellos realizados sobre la crisis mundial. Tanto analistas como periodistas han culpado de la crisis mundial a los sospechosos habituales: banqueros codiciosos, empresas recién llegadas sin experiencia, una élite política corrupta, la desregulación del sistema financiero o, más generalmente, los males del capitalismo. De modo similar, algunos observadores y economistas[3] han culpado a la desregulación financiera de la década anterior. Gumbel sostiene que el programa de libre mercado de Davíð Oddsson, primer ministro de 1991 a 2004 y autoproclamado fan de Milton Friedman, causó la debacle.

El problema de esta explicación es que Islandia no se podía llamar de ninguna manera un mercado libre.[4] En 2007, antes de que la crisis estallara, los impuestos y contribuciones a la seguridad social de Islandia eran los novenos más altos entre las naciones de la OCDE (41.1% del PIB).

La crisis de Islandia, como la del resto del mundo, fue causada por las manipulaciones de los bancos centrales y las organizaciones intergubernamentales. Así, en última instancia, fueron las acciones de los gobiernos las que provocaron el colapso financiero de Islandia. Mientras algunos señalan la supuesta independencia entre los bancos centrales y los gobiernos de sus naciones, pocos podrán afirmar que el Banco Central de Islandia, con dos de sus tres gobernadores nombrados políticamente, pueda ser más que un engranaje de la

---

[3] Peter Gumbel, «Iceland: The Country that Became a Hedge Fund», CNN Money (4 de diciembre, 2008) y Paul Krugman, «The Icelandic Post-Crisis Miracle», *The New York Times* (30 de junio, 2010).

[4] Philipp Bagus y David Howden, «Iceland's Banking Crisis: The Meltdown of an Interventionist Financial System», Ludwig von Mises Institute, Daily Article (9 de junio, 2009).

maquinaria política.[5] En resumen, las causas del derrumbe financiero de Islandia son las mismas que explican la crisis financiera mundial de 2008. La principal diferencia en el caso de Islandia es su magnitud. En Islandia, las distorsiones económicas fueron extremas e hicieron que la estructura financiera fuera particularmente propensa al derrumbe. Además, el caso islandés contiene un ingrediente especial que hizo posible un acontecimiento extremadamente raro para un país desarrollado: una suspensión de pagos soberana.

Durante el auge, el marco fiscal de Islandia no fue efectivo para restringir el gasto público.[6] Los gastos, tanto del gobierno nacional como de los locales, rutinariamente superaban sus ingresos. Los déficits presupuestarios se convirtieron en la norma en el parlamento de Islandia, el *Alþingi*, y tuvieron pocas repercusiones serias. El desequilibrio fiscal se convirtió en un pilar del sector público islandés.

En los diez años anteriores al derrumbe financiero de Islandia hubo fantásticas liberalizaciones en la economía mundial a medida que la globalización se extendía por el planeta. Los beneficios de estos cambios fueron extensos y no hubo prácticamente nadie que no se viera favorecido. Sin embargo, las liberalizaciones vinieron acompañadas de algunas fuertes intervenciones que intensificaron sus efectos entre sí.

Inmediatamente después del colapso financiero a finales de 2008, le preguntaron al jefe de los enviados especiales a Islandia del Fondo Monetario Internacional, Poul Thomsen, «¿qué había pasado en Islandia?». A su juicio, la causa fundamental fue que se permitió el desarrollo de un sistema bancario sobredimensionado.[7] Thomsen señaló, además, que

---

[5] Roger Boyes, *Meltdown Iceland: Lessons on the World Financial Crisis from a Small Bankrupt Island* (New York, Berlin, London: Bloomsbury USA, 2009), p. 114.

[6] Robert Tchaidze, Anthony Annett, y Li Lian Ong, «Iceland: Selected Issues», IMF Country Report n.º 07/296 (2007), p. 15.

[7] Camilla Andersen, «Iceland Gets Help to Recover from Historic Crisis», *IMF Survey Magazine* 37, n.º 12 (2 de diciembre, 2008).

después de que el gobierno islandés completara la privatización del sector bancario en 2003, los bancos incrementaron sus activos del 100% del PIB islandés a más del 1000%. Aunque culpó de las actuales circunstancias a esta situación insostenible que habían detectado, Thomsen no se planteó *por qué* los bancos pudieron expandirse tan rápido.

Islandia	308
Eurozona[8]	77
Reino Unido[9]	278
EE. UU.	73

Tabla 1: Deuda de empresas (porcentaje del PIB)[8]
Fuente: Caruanna y Chopra (2008)[9]

Las causas reales del derrumbe islandés se encuentran en las instituciones estatales y en las intervenciones del estado en el funcionamiento de la economía, además de en las instituciones intervencionistas de los sistemas monetarios nacional e internacional. La crisis de Islandia fue el resultado de dos prácticas bancarias que, combinadas, probaron ser explosivas: el descalce de plazos, y el descalce monetario. Aunque esas dos actividades, especialmente el descalce de plazos, son omnipresentes en las finanzas modernas, en Islandia se practicaron de forma más intensa que en otros países, lo que hizo al sistema financiero islandés especialmente frágil. Los niveles de deuda corporativa sobrepasaron el 300% del PIB de Islandia en 2007, más de cuatro veces el nivel de Estados Unidos (ver Tabla 1). El sector bancario islandés financiaba dos tercios de esa deuda, y el 70% estaba denominado en divisas extranjeras. Más del 60% de la deuda exterior de Islandia era a corto plazo, de la cual el 98% era

---

[8] Este dato es del año 2005.
[9] Pasivos financieros.

por cuenta del sector bancario. Aunque esta deuda denominada en divisas extranjeras se utilizaba principalmente para financiar inversiones en el extranjero, las empresas islandesas sin operaciones en el extranjero debían una gran (y creciente) parte de la misma.[10]

El sistema estaba aún más debilitado a causa de la existencia de una institución que sirve para rescatar a naciones soberanas a nivel internacional: el Fondo Monetario Internacional (FMI). La garantía de apoyo implícita por parte del FMI redujo la prima de riesgo y la volatilidad de los tipos de cambio, y esto, a su vez, indujo a gente de todo el mundo a incrementar su financiación en divisa extranjera. La corona islandesa tenía la supuesta ventaja de ser una de las monedas más estabilizadas a las que los inversores recurrían. En consecuencia, los bancos islandeses pasaron de denominar sus deudas en coronas a asumir obligaciones extranjeras facilitadas por la expansión crediticia internacional. Las consecuencias de este doble arbitraje de plazos y riesgo de cambio serían letales. Las malas inversiones y el consecuente traslado de recursos hacia el sector financiero sentaron las bases para el colapso. La mayor cantidad de financiación denominada en divisas extranjeras engendró unas malas inversiones que la autoridad monetaria no pudo corregir. La contracción internacional de liquidez del otoño de 2008 reventó la burbuja financiera. El Banco Central de Islandia y el gobierno trataron de actuar como prestamistas de última instancia, y fracasaron. La economía se hundió.

A pesar de las dificultades de los 2 últimos años, hay brotes verdes que podrían florecer. La recuperación no es imposible, pero requerirá esfuerzo y perseverancia. Al final de este libro trazamos un plan para la recuperación.

---

[10] Jaime Caruanna y Ajai Chopra, «Iceland: Financial System Stability Assessment-Update», IMF country Report n.º 03/368 (2008), pp. 9-10.

II
DESCALCE DE PLAZOS

Islandia tiene algo en común con otras economías desarrolladas que se han visto afectadas por la reciente crisis: su sistema bancario estaba profundamente inmerso en descalces de plazos. En otras palabras, los bancos islandeses emitían pasivos a corto plazo para invertir en activos a largo plazo. Por lo tanto, tenían que renovar continuamente sus pasivos a corto plazo hasta que sus activos a largo plazo maduraran. Ante cualquier suceso que les impidiera encontrar nuevos prestatarios para continuar renovando sus pasivos, los bancos islandeses afrontarían una crisis de liquidez y el sistema financiero islandés colapsaría.

Considerando cómo los recientes acontecimientos han puesto de manifiesto el nivel de riesgo de esta estrategia, la pregunta que inmediatamente viene a la mente es, ¿por qué los bancos islandeses incurrieron tanto en esta arriesgada práctica? Una razón se encuentra en que el descalce de plazos puede ser un negocio muy rentable, ya que implica un arbitraje básico del tipo de interés. Normalmente los tipos de interés a largo plazo son más altos que los tipos correspondientes a corto plazo. Un banco que pida prestado dinero a corto plazo mientras invierte dinero a largo plazo puede conseguir beneficios gracias a la diferencia (el «spread») entre los tipos a corto y a largo plazo. A pesar de que el descalce de plazos pueda ser rentable, también es muy arriesgado, porque las deudas a corto plazo exigen una renovación continua. El caso más extremo de descalce de plazos es la expansión crediticia por parte de los bancos, cuando los depósitos a la vista (deudas con vencimiento inmediato) son usados para conceder préstamos (activos de largo vencimiento).

Durante gran parte de su historia la banca ha obedecido la «regla de oro», a la que todavía se hace referencia, pero que hoy es rara vez seguida: el plazo de los activos del banco debería corresponder con el de sus pasivos. Cualquier desvío de esta regla pone al banco en riesgo ante la aparición de un shock de liquidez. La regla de oro se puede remontar al menos hasta Otto Hübner,[1] quien escribió: «Si un banco quiere evitar el riesgo de ser incapaz de cumplir sus obligaciones, el crédito que concede debe corresponderse con el crédito que recibe, no solo cuantitativamente, sino también cualitativamente.»[2]

La regla de oro se mantuvo aún en los albores del siglo pasado. Ludwig von Mises, basándose en su predecesor, el alemán Karl Knies,[3] amplió la principal regla para tener un sistema bancario sólido:

Para la actividad de los bancos como intermediarios del crédito la regla de oro es que debe establecerse una conexión orgánica entre las transacciones acreedoras y las transacciones deudoras. El crédito que el banco concede debe corresponder cuantitativa y cualitativamente al crédito que recibe. Para expresarlo de una manera más precisa; «La fecha en que vencen las obligaciones del banco no debe preceder a la fecha en que las obligaciones frente a él puedan hacerse efectivas.» Solamente así puede evitarse el peligro de insolvencia.[4]

---

[1] Otto Hübner, *Die Banken*, (Leipzig: Verlag von Heinrich Hübner, 1854), p. 28.

[2] Traducido del original en alemán: «Der Credit, welchen eine Bank geben kann, ohne Gefahr zu laufen, ihre Verbindlichkeiten nicht erfüllen zu können, muß nicht nur im Betrage, sondern auch in der Qualität dem Credit entsprechen, den sie genießt.»

[3] Karl Knies, *Geld und Kredit*, vol. 2 (Berlin: Weidmann´sche Buchhandlung 1876).

[4] Ludwig von Mises, La Teoría del Dinero y del Crédito (New Haven, Conn.: Unión Editorial, 1997), p. 237. De manera similar, Murray N. Rothbard aborda el tema del descalce de plazos (2008, p. 98):

Cuando un banco u otra entidad financiera toma pasivos a corto plazo y los invierte a largo plazo, está violando la «regla de oro.»[5] A pesar de que Mises no completa la investigación de cómo la violación de esta regla afecta a la estructura productiva, resulta evidente que cualquier alteración de la estructura de tipos de interés alterará los patrones de inversión previos. El descalce de plazos puede engendrar una inestabilidad que va más allá de la fragilidad del sistema bancario. En combinación con la expansión crediticia,[6] el descalce de plazos puede producir malas inversiones. Como la expansión crediticia incrementa la probabilidad de que los préstamos tomados en el presente puedan ser renovados en el futuro, se producirá una mayor cantidad de préstamos a corto plazo para financiar préstamos a largo plazo. Se fomenta una situación de riesgo creciente en la que una pirámide de préstamos ilíquidos a largo plazo puede hacer al sistema

---

«Otra forma de ver la falta de solidez esencial e inherente de la banca con reserva fraccionaria es tener en cuenta una regla fundamental de una buena gestión financiera, que se observa en todas partes excepto en el negocio bancario. A saber, que la estructura temporal de los activos de la empresa no debe ser mayor que la estructura temporal de sus obligaciones.» Murray N. Rothbard, *The Mystery of Banking*, segunda edición (Auburn, Ala.: Ludwig von Mises Institute, 2008).

[5] Este procedimiento es más comúnmente conocido como endeudarse a corto plazo y prestar a largo plazo. Una desventaja de esta terminología es que considera erróneamente a los depósitos a la vista como préstamos a corto plazo, al menos en el actual sistema de reserva fraccionaria. Tanto económica como legalmente es dudoso que estos depósitos a la vista puedan ser considerados préstamos (Jesús Huerta de Soto, *Dinero, Crédito Bancario y Ciclos Económicos*, [Madrid: Unión Editorial, 1998], Philipp Bagus y David Howden, «The Legitimacy of Loan Maturity Mismatching: A Risky, But Not Fraudulent Undertaking», *The Journal of Business Ethics* 90, n.º 3 [2009], pp. 399-406).

[6] Para un análisis económico detallado del descalce de plazos ver Philipp Bagus»,Austrian Business Cycle Theory: Are 100 Percent Reserves Sufficient to Prevent a Business Cycle?» Libertarian Papers 2, N.º 2 (2010). Veáse Bagus y Howden»,The Legitimacy of Loan Maturity Mismatching», para los aspectos éticos de esta práctica.

bancario insolvente en el caso de que surja una situación en la que los préstamos a corto plazo no puedan ser renovados, una tesitura que ha sido denominada «síndrome de la parada repentina.»[7] Si la percepción de riesgo aumenta, se hace más probable que los préstamos a corto plazo no puedan ser renovados, creando una situación de iliquidez para aquellos bancos que se encuentren con un descalce insostenible de préstamos en su cartera de inversiones.

El sistema bancario actual ha realizado un curioso cambio con respecto a sus anteriores prácticas. Muchos economistas y banqueros actuales ignoran la regla de oro, argumentando que la función de la banca es precisamente violarla sistemáticamente. Por ejemplo, Paul de Grauwe[8] considera que los bancos son instituciones «que inevitablemente piden prestado a corto y prestan a largo» y así proporcionan un «servicio esencial.»[9] De forma parecida, Douglas W. Diamond y Philip

---

[7] Guillermo A. Calvo, «Capital Flows and Capital-Market Crises: Thee Simple Economics of Sudden Stops», *Journal of Applied Economics* 1 (1998): pp. 35-54.

[8] Paul de Grauwe, «Returning to Narrow Banking», in *What G20 Leaders Must Do to Stabilize Our Economy and Fix the Financial System*, ed. Barry Eichengreen and Richard Baldwin, pp. 37-39 (Londres: Centre for Economic Policy Research, 2008), p. 37.

[9] Curiosamente De Grauwe considera que esto provoca un «sistema intrínsecamente frágil» y aboga por un retorno a una forma de «banca restringida», prohibiendo que la banca comercial invierta en derivados y productos estructurados complejos. No entiende las restricciones que un sistema de libre mercado impondría al descalce de plazos. Puesto que los bancos serían plenamente responsables de sus carteras de préstamos de riesgo (es decir, no habría garantías de rescate promulgadas por el gobierno ni subvención a los seguros de depósito), el descalce de plazos de las carteras de inversión se vería reducido drásticamente. Además, en un mercado libre no hay necesidad por parte del gobierno de prohibir a las empresas privadas la tenencia de un capital circulante negativo, ellas mismas lo evitarán por precaución. De la misma manera, en un mercado libre no hay necesidad de prohibir a los bancos el descalce de plazos.

H. Dybvig[10] consideran que la transformación de derechos ilíquidos (activos bancarios) en derechos líquidos (depósitos a la vista) es algo necesario.[11]

A pesar de que el descalce de plazos sea rentable y muchos economistas modernos avalen la práctica, sigue implicando un peligro de insolvencia. Así, la pregunta todavía queda abierta: ¿Por qué los bancos islandeses incurrieron tanto en esta arriesgada práctica?

La respuesta es sencilla. Al igual que los bancos de otros países, los bancos islandeses disfrutaban de la garantía del gobierno, que los rescataría si sus apuestas en el mercado resultaban erróneas. Pero mientras que esta garantía es solo implícitamente asumida en la mayoría de los países desarrollados, el Banco Central de Islandia se había comprometido explícitamente a prestar esta función.[12] En el punto crítico en el que la liquidez empezase a escasear, el BCI (Banco Central de Islandia) cumpliría su función como prestamista de última instancia, proporcionando tantas nuevas deudas a corto plazo como el mercado requiriera.

Aunque esta garantía afectaba a todos los bancos islandeses, los tres principales bancos, Kaupþing, Glitnir, y Landsbanki tenían un incentivo perverso adicional. Se les consideraba tan grandes (con un volumen de activos de casi once

---

[10] Douglas W. Diamond y Philip H. Dybvig, «Bank Runs, Deposit Insurance, and Liquidity», *Journal of Political Economy* 91, N.º 3 (1983): pp. 401-419.

[11] Veáse también Tobias Adrian and Hyun Song Shin, «Financial Intermediaries, Financial Stability, and Monetary Policy», artículo presentado en el Federal Reserve Bank of Kansas City Symposium en Jackson Hole (Agosto 21–23, 2008), y Xavier Freixas y Jean-Charles Rochet, Microeconomics of Banking, segunda edición (Cambridge, Mass.: MIT Press, 2008) para puntos de vista similares.

[12] Véase Central Bank of Iceland, «New Act on the Central Bank of Iceland», Press Release (Noviembre 13, 2001) para el comunicado de prensa que, entre otras cosas, prometía una nueva era de estabilidad de precios a través de un sistema de objetivo de inflación, y la disposición formal de una función de prestamista de última instancia.

veces el tamaño del PIB islandés de 2007), que podían verse a sí mismos como «*too big to fail*»[13]. Las autoridades temían que, si uno de los grandes bancos caía, podría arrastrar consigo a las compañías que poseyeran acciones suyas, y estas quiebras podrían afectar negativamente a otros bancos que estuvieran financiándolas. Cuanto más grande y más interdependiente se tornara el sector bancario islandés, más alta sería la probabilidad de que cualquier banco fuera considerado demasiado grande como para quebrar. Si un gran banco se declarase insolvente, un rescate sería casi inevitable. La percepción de que los tres mayores bancos eran demasiado grandes como para quebrar creó un riesgo moral. No tenían que temer volverse insolventes en caso de que sus apuestas (a saber, que encontraran financiación a corto plazo en el futuro) resultaran erróneas. Al sector bancario islandés se le había concedido el privilegio de proceder de una manera excesivamente arriesgada. El Banco Central de Islandia permitió de facto a los bancos cargar con un volumen creciente de riesgo a corto plazo no compensado por activos de correspondiente riesgo o duración. Esto parecía funcionar bien hasta que la liquidez global se paralizó tras el colapso del banco americano Lehman Brothers a finales de 2008. Con una escasez repentina de financiación, especialmente de financiación a corto plazo, los bancos islandeses fueron incapaces de renovar las deudas suficientes para continuar siendo solventes.

Mientras que el mercado interbancario de préstamos se paralizó, eliminando la posibilidad de renovar las deudas a corto plazo, el sistema bancario estaba a su vez perdiendo depósitos. Los depositantes empezaron a ponerse nerviosos

---

[13] La popular expresión inglesa «Too big to fail (TBTF)» se podría traducir como «demasiado grande para quebrar». Esta expresión corresponde a una teoría financiera según la cual ciertas corporaciones, y en especial instituciones financieras, tienen una importancia tan grande dentro del entramado económico que su quiebra tendría efectos devastadores sobre la economía, y por tanto deberían ser rescatadas siempre que se enfrenten a una potencial bancarrota. [N. del T.]

por las perspectivas de los bancos, especialmente después de la caída de Glitnir el 29 de septiembre de 2008. Los pequeños comerciantes empezaron a retirar sus fondos, es decir, a no renovar sus depósitos. En el actual sistema de reserva fraccionaria, los bancos tratan a los depósitos como préstamos que reciben y que tienen un vencimiento inmediato. Concediendo préstamos contra ellos, confían en una continua renovación de esos depósitos para mantener la solvencia. Cualquier retirada de depósitos implica su «no renovación», haciendo caer al banco en una crisis de liquidez. La filial de Kaupþing, Kaupthing Edge, tenía unas entradas netas de depósitos de entre 100 y 150 millones de libras por semana hasta mediados de 2008. En septiembre de 2008, estas entradas se revirtieron en retiradas por valor de 50 millones de libras por semana. Estaba teniendo lugar una fuga de depósitos y atraer nuevos depósitos era muy complicado.[14]

La garantía de rescate explícita para los bancos insolventes resultó en un excesivo descalce de plazos. Otras políticas del banco central hicieron el descalce aún mayor. El 21 de marzo de 2003, en un intento de homogeneizar las prácticas bancarias con el Banco Central Europeo, el BCI redujo el coeficiente de caja requerido para las instituciones de depósito del 4% al 2%.[15] Este cambio incrementó el multiplicador bancario de 8 a 15 veces.[16] Para los pasivos con vencimiento a más de dos años, no se exigieron reservas.

A diferencia de sus homólogos, el gobernador del Banco Central de Islandia, Davíð Oddsson (el antiguo primer ministro) cambió proporcionalmente los coeficientes de caja que los bancos tenían que guardar en el caso de que llegara una época de vacas flacas. Mediante la reducción de este

---

[14] Thorvaldsson, *Frozen Assets*, p. 209.

[15] Benjamin Hunt, Robert Tchaidze, y Ann-Margret Westin, «Iceland: Selected Issues», IMF Country Report n.º 05/366 (2005), p. 33.

[16] Ásgeir Jónsson, Why Iceland? How One of the World's Smallest Countries Became the Meltdown's Biggest Casualty (Nueva York: McGraw Hill, 2009), p. 65.

importante coeficiente, el banco central permitió a los bancos liberar y emplear una parte adicional de los depósitos que se les había confiado. Un coeficiente más bajo permite un mayor grado de expansión crediticia. Incluso sin ningún incremento en la oferta monetaria, una disminución en el coeficiente de caja incrementa la oferta crediticia de manera considerable. Como resultado de la decisión de reducir el coeficiente de reservas en 2003, muchos bancos tuvieron que «colocar» su liquidez en otra parte.[17] Un exceso de liquidez en el sistema bancario se canalizó rápidamente hacia el mercado de préstamos. En particular, hubo un flujo masivo de fondos hacia el mercado hipotecario, ya que los bancos trataron de prestar sus nuevas (y superfluas) reservas.

Como cualquier empresario, los banqueros buscan y aprovechan oportunidades de ganancia. Una manera sencilla que los bancos tienen de conseguir un beneficio consiste en aprovechar los fondos confiados por los depositantes en concepto de guardia y custodia y facilitarlos a las empresas en forma de préstamos, obteniendo beneficios gracias al diferencial en el tipo de interés. La reserva fraccionaria en los depósitos a la vista permite una expansión crediticia. La expansión crediticia sirve para crear nuevos depósitos y de este modo incrementar la oferta monetaria. Bajo la garantía de rescate por parte del BCI, los bancos islandeses estaban más dispuestos a equivocarse que a ser prudentes, manteniendo la máxima proporción de préstamos y dejando las reservas en el mínimo legal imprescindible para satisfacer la regulación. Mediante una reducción reiterada del coeficiente de caja a lo largo del *boom*, el banco central permitió a los bancos incrementar el crédito contra los fondos ya depositados en ellos.

En 2003, exactamente al mismo tiempo que se incrementó la liquidez reduciendo los requerimientos de reservas, el BCI comenzó un extenso período de reducciones de tipos de interés. En lo que a bajadas en los tipos de interés se refiere,

---

[17] Hunt, Tchaidze, y Westin, «Iceland: Selected Issues», p. 33 n. 8.

Islandia no fue el único culpable. La Reserva Federal bajó sus tipos en un 5.5% durante el auge, el Banco Central Europeo en un 2.75%, y el Banco de Canadá en un 3.75%. Incluso el venerable Banco de Inglaterra bajó sus tipos en un 2.5%. Pero en Islandia, a diferencia de en muchas otras economías desarrolladas, el nuevo crédito contraído vía tipos de interés artificialmente bajos no fue la única causa del auge crediticio; Islandia también estimuló la expansión del crédito bajando el coeficiente de caja para los depósitos. (A modo de comparación, durante la primera década de este siglo, mientras el Banco Central de Islandia reducía sus coeficientes de caja, la Reserva Federal Norteamericana mantuvo sus coeficientes de caja estables en el 10%). La bajada de tipos de interés, unida a la reducción de los coeficientes de caja, hicieron que el auge de Islandia alcanzara dimensiones que hubiera sido imposible lograr sin el estímulo que proporcionaba un amplísimo crédito, dimensiones a las que otros bancos centrales aspiraban, pero que no pudieron alcanzar debido a los límites que su propia regulación les imponía.

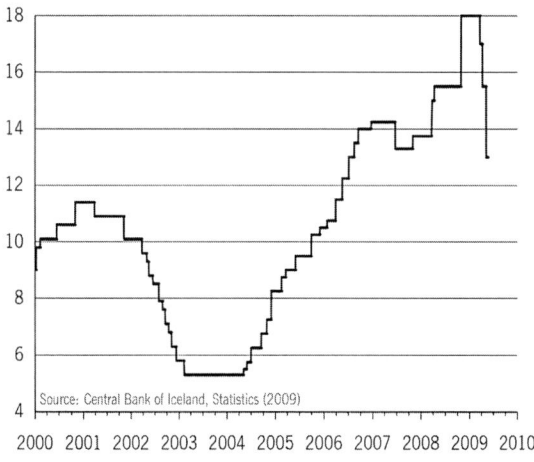

Ilustración 1:
Tipo de interés del Banco Central de Islandia (porcentajes).
Fuente: Banco Central de Islandia, Estadísticas (2009).

Cuando el Banco Central de Islandia cambió a un tipo de cambio flexible para la corona islandesa el 27 de marzo de 2001, también adoptó un modelo de objetivo de inflación en su política monetaria. Este cambio fue ampliamente aclamado en el momento, bajo la promesa de que colocaría al Banco Central de Islandia en una mejor posición de cara a integrar a la economía islandesa en la creciente economía mundial, así como a controlar la inflación.[18] Librándose de las restricciones de su tipo de cambio fijo y tomando el control total de su política monetaria, el BCI tenía la esperanza de traer una nueva era de inflación baja y estable.

En la mayor parte de la historia reciente islandesa, la inflación ha sido alta y volátil. Teniendo esto en cuenta, el Banco Central de Islandia fijó el objetivo de inflación en el 2.5%, y estableció el margen de error en un 1.5%, ambos mayores que en la mayoría de los bancos centrales.[19] Cuando la tasa de inflación traspasó el límite de tolerancia en febrero de 2005, la pregunta que le surgió a muchas personas fue «¿Hasta qué punto es factible controlar la inflación en Islandia?»[20]

Desde sus principios, el esquema de objetivos del BCI dio a algunos analistas motivos de preocupación. La tradicional volatilidad en la inflación islandesa, normalmente ligada a la captura de pescado de la temporada, era una seria dificultad. Advirtiendo contra el noble objetivo de controlar la inflación islandesa, Frank Engles[21] destacó que los objetivos de inflación son «crucialmente dependientes» de la capacidad de los bancos centrales para predecir la inflación con precisión.

Dentro del modelo de control de inflación del BCI se encontraba implícito el supuesto de un tipo de cambio constante

---

[18] Veáse, por ejemplo, Eduardo Aninat, «IMF Welcomes Flotation of Iceland's Króna», IMF News Brief N.º 01/29 (marzo 28, 2001).

[19] Keiko Honjo y Benjamin Hunt, «Stabilizing Inflation in Iceland», IMF Working Paper WP/06/262 (2006), p. 3.

[20] Hunt, Tchaidze, y Westin, «Iceland: Selected Issues», p. 3.

[21] Frank Engles, «Iceland: Selected Issues and Statistical Appendix», IMF Country Report n.º 01/82 (2001), p. 3.

en el periodo considerado.[22] A partir del segundo semestre de 2001 este supuesto resultó ser el talón de Aquiles del modelo. A medida que el tipo de cambio de la corona empezó a fortalecerse, el modelo continuaba subestimando la tasa de inflación.[23] Por lo tanto, los incrementos en la oferta monetaria fueron mayores de lo que hubiera sido óptimo dado el objetivo de inflación. Fuertes incrementos de la oferta monetaria, a su vez, llevaron a los tipos de interés de los préstamos a ser más bajos de lo que hubiera sido prudente si quería alcanzarse el objetivo de inflación.

La raíz de esta complaciente política monetaria se encuentra en el modelo de frontera de política monetaria eficiente empleado por el BCI. El modelo, que estimaba la inflación y la brecha de producción dadas distintas elecciones de políticas a aplicar, se fundamentaba en cuatro factores principales: la brecha de producción, la inflación esperada, el tipo de cambio extranjero esperado, y la función de respuesta a la política monetaria. Todos estos parámetros eran pronosticados usando estimadores bayesianos; se combinaban distribuciones pasadas de estas variables con datos actuales en un intento de estimar los parámetros futuros de la distribución. El uso de datos antiguos resultó ser una mala elección. Islandia tenía una experiencia corta con su nuevo régimen de tipo de cambio flexible, por lo que el conjunto de datos abarcaba dos períodos regulatorios distintos. Esto hizo que las estimaciones proporcionadas no fueran totalmente aplicables.[24]

Mientras que los datos del modelo fueron tomados de un régimen previo y no aplicable de tipos de cambio, las distribuciones de probabilidad fueron tomadas de un modelo usado por el Banco de Canadá estudiado por Pétursson, que se basaba en políticas similares; estas distribuciones fueron

---

[22] Engles, «Iceland».

[23] Frank Engles y Michael Gapen, «Iceland: Selected Issues», IMF Country Report n.º 02/129 (2002), pp. 8-9.

[24] Hunt, Tchaidze, y Westin, «Iceland: Selected Issues», p. 11.

posteriormente afinadas mediante pequeñas variaciones.[25] Por ejemplo, el modelo de Canadá estimaba el objetivo de tipo de interés con una economía abierta, usando a Estados Unidos como el principal sector extranjero. Islandia modificó esto sustituyéndolo por la zona euro, Estados Unidos y Reino Unido como sectores extranjeros. Pero mientras que Canadá tiene muchas similitudes en términos de política económica con su vecino y mayor socio comercial, existen muy pocas entre Islandia y las tres economías que se introdujeron en el modelo. Los tipos de interés de Canadá están muy correlacionados con los americanos, así como sus flujos de capital (ya que las dos naciones son recíprocamente el principal socio comercial de la otra). Los tipos de interés de Islandia están controlados por factores muy diferentes a los de sus homólogos europeos o americanos; los flujos de capital están influenciados por una cantidad enorme de factores no susceptibles de ser incluidos en el modelo de inflación objetivo tomado del Banco de Canadá.

Quizá el aspecto más problemático de tomar prestado un modelo de objetivo de inflación es que la banda en la que fluctuaba la inflación islandesa era mucho más amplia que la de otros países. En particular, era cuatro veces más amplia que la banda de inflación de Canadá, el país del que el Banco Central de Islandia tomó prestado el modelo. Un remedio que el BCI empleó fue excluir varios elementos de volatilidad en el cálculo de la inflación. Esto suavizó los datos, haciendo que el modelo sea más fácil de implementar. Vivienda, energía y comida fueron elementos que el BCI excluyó del Índice de Precios del Consumo (IPC) ya que solían sufrir mucha variación en sus precios.[26]

---

[25] Thórarinn G. Pétursson, «Wage and Price Formation in a Small Open Economy: Evidence from Iceland», *Central Bank of Iceland Working Paper* n.º 16 (2002).

[26] La cifra oficial de inflación, el IPC, asigna a la vivienda el 20% del índice –más alto que cualquier nación europea. Los fuertes incrementos en los precios de la vivienda causaron grandes divergencias

A pesar de que la eliminación de estos datos pudo facilitar el uso del modelo, esto trajo al menos dos problemas simultáneos.[27] En primer lugar, casi el total de los alimentos que consume Islandia son importaciones, lo que hace a estos alimentos un elemento esencial en cualquier cómputo de la inflación. En segundo lugar, los precios de la energía fueron muy volátiles durante el periodo de análisis, afectando no solo a la inflación real, sino también a las expectativas inflacionarias. El «obsoleto modelo de control del tipo de cambio» de Islandia no había podido hacer frente a los enormes cambios acaecidos en la economía durante su historia reciente.[28] El crédito barato se filtró por varias áreas clave de la economía. Su impacto principal se vio en el gasto de las familias y en las industrias intensivas en consumo de energía, sumándose así a las presiones inflacionarias. El rápido crecimiento de la demanda doméstica ejerció presión sobre los precios de la oferta de bienes relativamente fija de que disponía la isla. Este desequilibrio mantuvo la presión alcista sobre la inflación, haciendo que se mantuviera muy por encima del objetivo del banco central a mediados de la década de los 2000.[29]

Estos problemas se observaron relativamente temprano en el periodo de auge de Islandia. Honjo y Hunt[30] y Keiko

---

entre el IPC estimado y la tasa de inflación real. En julio de 2005 por ejemplo, la inflación interanual se situó en el 3.5%, si excluyéramos la vivienda del cómputo, la cifra habría sido del 0,1% para el mismo periodo (Hunt, Tchaidze, y Westin «Iceland: Selected Issues», p. 38)

[27] Hunt, Tchaidze, y Westin, «Iceland: Selected Issues.»

[28] Paul Kupiec, «Iceland: Financial System Stability Assessment Update, including Report on the Observance and Standards and Codes on the following topics: Banking Supervision, Insurance Regulation, Securities Regulation, Payment Systems, and Monetary and Financial Policy Transparency», IMF Country Report n.º 03/271 (2003).

[29] International Monetary Fund, «Iceland—2004 Staff Visit Concluding Statement» (25 de octubre, 2004).

[30] Honjo y Hunt, «Stabilizing Inflation.»

Honjo y Srobona Mitra[31] recomendaron abandonar el sistema de frontera monetaria eficiente e implementar reglas fiscales más simples en su lugar. Estos economistas señalaron la volatilidad de los precios como la principal razón de la incapacidad del modelo, sin embargo, debería haberse señalado que, dados los parámetros usados, incluso con inflación estable se habría subestimado el tipo de interés aplicado.

Es más, ni siquiera es posible medir la inflación de precios de forma objetiva. Cualquier tasa de inflación es arbitraria, pues está compuesta por un promedio de precios en la economía, y existe una multitud de diferentes precios en constante movimiento. ¿Cuáles de ellos debemos elegir? La selección de la cesta de bienes es arbitraria, el peso de los diferentes precios es arbitrario, las correcciones para considerar mejoras cualitativas son arbitrarias, y los cambios en la composición y el método de cálculo de la media son arbitrarios. Cada individuo hace frente a una única tasa de inflación debido a su patrón de gasto personal. Cualquier medición de la tasa de inflación, consecuentemente, será diferente de la tasa de inflación a la que se enfrenta cualquier empresario o inversor individual.

Estas deficiencias actuaron conjuntamente para subestimar la inflación del momento y permitir una política monetaria más laxa que lo justificado dado el marco de objetivos de Islandia. Personal del Fondo Monetario Internacional visitó el país en 2004, advirtiendo que los tipos de interés a corto plazo deberían incrementarse rápidamente para compensar estos tipos tan bajos.[32] Se identificaron desequilibrios, dando lugar a que se extendiera la opinión de que un proceso de ajuste era necesario, y de que era mejor realizarlo más pronto que tarde. Durante los casi diez años siguientes tras el regreso al tipo de cambio flexible, tanto la inflación, como la inflación

---

[31] Keiko Honjo y Srobona Mitra, «Iceland: Selected Issues», IMF Country Report n.º 06/297 (2006).

[32] IMF, «2004 Staff Visit.»

esperada fueron rutinariamente subestimadas, y como consecuencia el mercado fue inundado con una cantidad cada vez mayor de dinero.

Esta complaciente política monetaria hizo que hubiera, tanto en el mercado doméstico como en el internacional, una enorme cantidad de liquidez disponible para ser prestada e invertida. La oferta monetaria creció a un ritmo constante hasta finales de 2005. En este momento, surgió una tendencia inflacionaria conforme el BCI abrió el grifo monetario (Ilustración 2). La base monetaria y los agregados crediticios como la M2 crecieron a una tasa superior al 20% al año entre 2003 y 2008 (Tabla 2)[33]. Para cuando este delirio alcanzó su cúspide en 2008, la M1 (base monetaria) había crecido casi un 500% desde el inicio del siglo XXI.

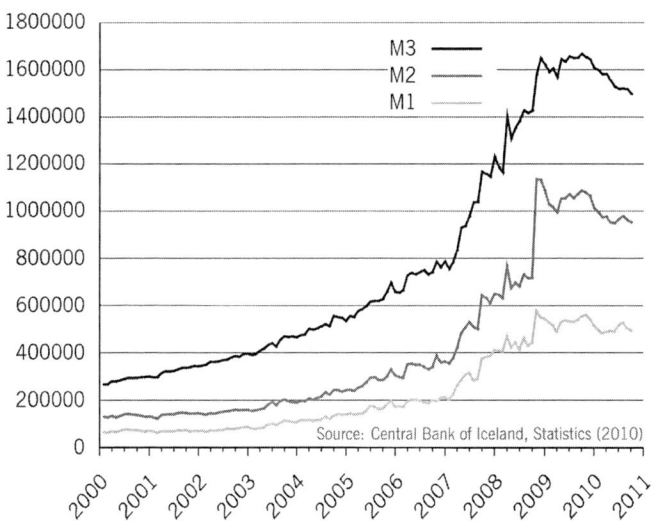

Ilustración 2: Base monetaria de Islandia[34]
(Enero 2000 - Octubre 2010, millones de coronas).
Fuente: Banco Central de Islandia, Estadísticas (2010).

---

[33] La M1 incluye todos los billetes y monedas en circulación, además de los depósitos a la vista (incluidos los límites de descubierto).

La economía crecía considerablemente, pero no lo suficiente como para evitar las presiones inflacionarias creadas
por tal expansión. La inflación de bienes de consumo aumentó por encima del 5% durante la mayor parte del auge.
Como resultado, los tipos de interés reales fueron bajando.
Esto dio a la pequeña población de la isla un incentivo a
gastar, para evitar tener que ver cómo sus ahorros cada vez
valían menos. Esta demanda incrementada de bienes tuvo el
efecto de aumentar la presión inflacionaria en la economía,
estimulando así aún más el gasto. Pero existía otro efecto,
puede que incluso más directo, del fuerte aumento de la base
monetaria generado por el Banco Central.

	M3	**M2**	**M1**
2000	11	-3	4
2001	17	12	6
2002	13	9	12
2003	21	27	43
2004	17	23	24
2005	18	22	22
2006	15	20	17
2007	57	82	100
2008	34	59	29
2009	0	-3	-6
2010[35]	-6	-4	-1

Tabla 2: Crecimiento de la base monetaria islandesa (porcentaje)
Fuente: Banco Central de Islandia, Estadísticas (2010)

---

[34] La M1 de Islandia se define como todos los depósitos a la vista
más el efectivo en circulación. M2 incluye la M1 más los depósitos
a corto plazo. M3 añade los depósitos a plazo a la cifra de M2 para
obtener la medida más amplia de la masa monetaria.

La política de continua creación de crédito del Banco Central de Islandia llevó a los tipos de interés a corto plazo a estar muy por debajo de donde hubieran llegado en ausencia de este exceso de liquidez. Consecuentemente, los individuos tenían un fuerte incentivo a pedir prestado a corto plazo a estos tipos artificialmente bajos. Desde el inicio de los años 2000, aproximadamente la mitad de los préstamos fueron tomados a tipos variables para aprovecharse de los bajos tipos a corto, que se esperaba que se mantuvieran razonablemente bajos en el futuro. Thórarinn G. Pétursson[36] estima que el BCI tenía control sobre la curva de rendimientos para los vencimientos de los préstamos de hasta 12 meses.

Por lo general los bancos centrales están en cierto modo restringidos en su política monetaria ya que solo controlan los tipos de interés a corto plazo. El papel de los bonos a largo plazo actúa como freno para la política monetaria a largo plazo, ya que los bancos centrales generalmente no participan con la misma intensidad en este tipo de préstamos. Pero el descalce de plazos traslada los tipos de interés a corto plazo artificialmente bajos, a tipos de interés a largo plazo también artificialmente bajos, ya que los bancos incrementan la oferta de fondos a largo plazo otorgando esto préstamos.

Aparte de este proceso que condujo a la bajada de tipos a largo plazo, existía otra agencia estatal además del BCI dispuesta a asegurar que los tipos de interés a largo plazo se mantuvieran artificialmente reducidos, permitiendo que grandes cantidades de préstamos continuaran empujando a la economía hacia un *boom* insostenible. El gobierno creó el Fondo de Préstamos para la Vivienda (*Íbúðalánasjóður* en islandés)[37] en 1999 para hacerse cargo del papel de su pre-

---

[35] Datos hasta el 1 de octubre de 2010.

[36] Thórarinn G. Pétursson, «The Transmission Mechanism of Monetary Policy: Analyzing the Financial Market Pass-Through», *Central Bank of Iceland Working Paper* n.º 14 (2001).

[37] N. del T. De ahora en adelante, abreviaremos el nombre de este organismo con las siglas FPV.

decesor, la Comisión Estatal de la Vivienda. El FPV proporcionaba préstamos hipotecarios. La vivienda privada se convirtió en el principal objetivo de sus operaciones, aunque las compañías y agencias no gubernamentales podían requerir de sus servicios. El FPV arrasó con el mercado inmobiliario. A mediados de 2004 casi el 90% de las familias islandesas tenían un préstamo del FPV, y los bonos emitidos por el FPV constituían más de la mitad del mercado de bonos islandeses.[38] Por lo tanto, no solo fue manipulado excesivamente a la baja el tipo de interés a corto plazo por la política del banco central, sino que los tipos de interés a largo fueron reducidos igualmente por el Fondo de Préstamos para la Vivienda controlado por el gobierno. Durante el periodo que llevó a la crisis financiera, la gente de otros países observó únicamente una reducción directa en sus tipos de interés a corto plazo como resultado de las políticas de sus bancos centrales, pero la gente de Islandia fue engañada en todos los plazos de la curva de rendimientos.

El resultado de estas políticas fue un enorme descalce de plazos, que hizo que finalmente la economía islandesa se desplomara. En ningún sitio fue tan pronunciado el descalce de plazos como en los tres principales bancos islandeses: Kaupþing, Glitnir y Landsbanki. La ilustración 3 muestra el descalce de plazos justo antes del colapso del sistema financiero a finales de 2008. Las brechas de financiación (es decir los pasivos menos los activos para diferentes plazos) de estos bancos, que emitieron obligaciones a corto plazo con el fin de invertir en activos a largo plazo, se muestran mucho más pronunciados para los valores a corto plazo (es decir, los más líquidos).[39] El déficit de financiación a tres meses era de 623

---

[38] Hunt, Tchaidze y Westin, «Iceland: Selected Issues», p. 29.

[39] Estos tres bancos, los más grandes del país, dominaron el panorama financiero islandés, con activos que se inflaron hasta el 1100% del PIB islandés de 2007 (Willem H. Buiter y Anne Sibert, «The Icelandic Banking Crisis and What to Do About it: The Lender of Last Resort Theory of Optimal Currency Areas», Centre for

miles de millones de coronas, casi el 50% del PIB islandés de 2007 (1.279 billones de coronas). Dicho de otra forma, toda la economía de Islandia hubiera necesitado medio año para cubrir la brecha de financiación a tres meses que hubiera resultado de una parada total en las renovaciones.

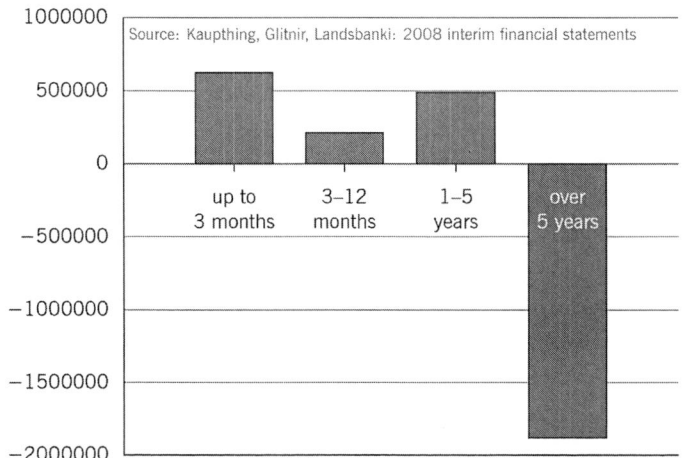

Ilustración 3: Brecha de financiación de los tres grandes bancos
(Junio de 2008, en millones de coronas)[40]
Fuente: Kaupþing, Glitnir, Landsbanki:
Informes financieros provisionales 2008.

¿Cuáles son los efectos económicos del descalce de plazos? El efecto más evidente es que puede hacer al sistema bancario inestable. Si la liquidez disminuye mucho, los acreedores no renovarán la deuda a corto plazo, y un banco que haya incurrido en descalces de plazos se volverá ilíquido. El problema

---

Economic Policy Research Policy Insight n.º 26 (Octubre, 2008): p. 4) y comprendían cerca de ochenta por ciento del total de los activos bancarios islandeses.

[40] La brecha de financiación es la diferencia entre los pasivos y los activos de un vencimiento determinado. Una brecha positiva de vencimientos menores de tres meses significa que vencerán más pasivos que activos en este periodo.

puede posteriormente extenderse rápidamente a través de todo el sistema financiero. Los bancos que sufren iliquidez se ven obligados a vender activos para cubrir sus déficits de financiación, y estas ventas reducen los precios de los activos. Como los precios de los activos se han desplomado, los bancos tienen que reducir el valor de su capital, enfrentándose a la insolvencia. Esto puede inducir a que otros agentes económicos dejen de renovar los préstamos a bancos, llevando a un pánico, o incluso peor, una *congelación* del crédito. La confianza en el sistema bancario rápidamente se disipa. Los problemas de liquidez se extienden y los bancos liquidan más activos para cubrir las crecientes pérdidas. Durante el pánico, los activos a largo plazo solo pueden venderse con considerables pérdidas, por lo que se incrementan las pérdidas bancarias. Una corrida bancaria puede ocurrir, llevando a nuevas liquidaciones y descensos de precios. El sistema bancario al completo podría acabar colapsando.

Por lo tanto, cualquier rumor acerca de la solvencia bancaria puede causar una parada en la renovación de préstamos y hacer caer así el sistema bancario.

En septiembre de 2007, el banco comercial inglés Northern Rock colapsó. Como los precios de la vivienda y los valores respaldados por hipotecas empezaron a disminuir, la mayoría de los fondos a corto plazo que respaldaban estos activos huyeron. Los depositantes provocaron una corrida bancaria a la antigua que habría llenado de orgullo al Henry Potter de «*Qué bello es vivir*».[41]

Otro efecto importante provocado por un excesivo nivel de descalce de plazos en los préstamos es que crea distorsiones en la economía real. Distorsiona la estructura de capital,

---

[41] Hyun Song Shin, «Reflections on Northern Rock: The Bank Run that Heralded the Global Financial Crisis», *Journal of Economic Perspectives* 23, n.º 1 (2009): pp. 101-19 evalúa la crisis de Northern Rock y la trata como una corrida bancaria no convencional, en la que la base de activos a largo plazo del banco no puede financiar sus pasivos de corto plazo.

como demuestra la teoría Austriaca del ciclo económico. Los depósitos a la vista son pasivos bancarios que vencen inmediatamente (es decir, tiene plazo cero). Como los depósitos a la vista son usados para financiar proyectos de inversión a largo plazo, la expansión crediticia lleva a un pronunciado descalce de plazos. Este descalce es lo que ocurrió cuando los bancos islandeses pidieron prestado a corto plazo (la mayor parte en mercados internacionales) en el mercado interbancario o en múltiples productos financieros a corto plazo, con el fin de invertir en préstamos a largo plazo, como por ejemplo hipotecas.[42]

El problema fundamental del descalce de plazos es que no existe suficiente ahorro disponible para completar el artificialmente alto número de proyectos emprendidos. Tomemos como ejemplo una hipoteca. Los prestamistas solo han ahorrado durante tres meses (el plazo del pagaré) o quizá no han ahorrado en absoluto (el plazo del depósito vence inmediatamente); en cualquier caso, no han ahorrado durante treinta o cuarenta años, el plazo de la hipoteca. El descalce de plazos engaña a los inversores y empresarios acerca de la oferta disponible de ahorro a largo plazo. Pidiendo prestado a corto plazo, pero prestando a largo, los bancos provocan una reducción artificial de los tipos de interés a largo plazo. Los empresarios piensan que hay disponible más ahorro a largo plazo del que realmente existe, y por lo tanto efec-

---

[42] Existen, sin embargo, diferencias importantes entre la expansión crediticia y otros tipos de descalce de plazos: la expansión crediticia aumenta la oferta monetaria (Bagus «Austrian Business Cycle Theory»). Además, la creación inicial de depósitos a la vista sin respaldo puede dar lugar a una expansión mucho mayor de los depósitos a la vista si el resto del sistema bancario hace lo mismo. Otros tipos de descalce de plazos no incrementan la oferta monetaria. Otra diferencia radica en el estatus ético de las prácticas. La expansión crediticia puede ser considerada como fraudulenta, mientras que el endeudamiento a corto y prestar a largo plazo (es decir, descalce de plazos) es arriesgado, pero no fraudulento (Bagus y Howden, «The Legitimacy of Loan Maturity Mismatching»).

túan malas inversiones, que tendrán que liquidar una vez se vuelva obvio que no hay suficiente ahorro real como para mantenerlas.

Es interesante recalcar que el descalce de plazos completa el sesgo de la curva de tipos de interés que el banco central comienza, pero que normalmente no es capaz de completar por sí mismo. Las operaciones de mercado abierto de los bancos centrales por lo general se limitan al tramo corto de la curva de rendimientos. Como los bancos centrales controlan su tasa de descuento ofreciendo préstamos a corto plazo, normalmente 30 días o menos, son capaces de manipular solo esos tipos de interés a muy corto plazo. El sistema bancario transforma estos artificialmente bajos tipos de interés a corto plazo en tipos de interés artificialmente bajos a largo plazo mediante el descalce de plazos. Pidiendo prestado a corto, los bancos crean una demanda adicional de fondos de este tipo, haciendo subir los tipos a corto plazo. Prestando a largo plazo, crean una oferta adicional de estos fondos, llevando a una bajada del tipo de interés a largo plazo. Por lo tanto, el descalce de plazos provoca un aplanamiento de la curva de rendimientos, y transfiere el efecto de la manipulación de los tipos a corto plazo por parte del banco central a los tipos a largo en la curva de rendimientos.[43]

En el capítulo V analizaremos las malas inversiones concretas llevadas a cabo por el sistema financiero islandés debido al incremento de crédito por parte del Banco Central de Islandia. Pero antes de pasar a este asunto, explicaremos el factor que potenció los efectos del descalce de plazos.

---

[43] Philipp Bagus y David Howden, «The Term Structure of Savings, the Yield Curve, and Maturity Mismatching», *Quarterly Journal of Austrian Economics* 13, n.º 3 (2010): pp. 64–85.

III
EL FMI, RIESGO MORAL, Y LA TENTACIÓN DE LOS FONDOS EXTERIORES

A finales de los años 90 fuimos testigos de una consolidación del poder del Fondo Monetario Internacional como institución financiera mundial, como encargada de buscar y corregir inestabilidades en nombre del desarrollo económico. Varios cambios en el ámbito de sus operaciones después de las crisis de los últimos veinte años dieron al fondo una gama mucho mayor de políticas que podría aplicar, así como una cantidad ingente de recursos con los que sostener las economías más débiles.

Las crisis de finales de los 80 y de finales de los 90 (la crisis del peso mexicano, la crisis del rublo, la crisis asiática, la crisis Caipirinha, y la crisis de Argentina, entre otras) fueron utilizadas para fortalecer el mandato operativo fundamental del Fondo Monetario Internacional, que consiste en estabilizar los tipos de cambio para facilitar el comercio internacional. Los fracasos del FMI en la estabilización de las anteriores crisis se achacaron a una falta de directrices de procedimiento que permitieran ayudar rápidamente a las economías en apuros. Cada vez que un fallo aparece a pesar del esfuerzo del FMI por mantener la estabilidad financiera internacional, se asume que el ámbito actual de sus operaciones es inadecuado, pero nunca que exista algún problema fundamental con la propia existencia de estas operaciones.

En cierto modo, la crisis financiera de Islandia podría figurar en los libros de historia como similar a las crisis de México,

Rusia, Brasil, Argentina, o de algunos países asiáticos. Sin embargo, difiere en dos aspectos importantes. En primer lugar, la extensión de su auge y su posterior recesión son mucho mayores que cualquier experiencia vivida en los países en desarrollo mencionados anteriormente. Más importante, y más desconcertante aún, es el hecho de que Islandia es el primer país desarrollado que sufre un desastre financiero de este calibre desde la Gran Depresión.

En respuesta a estos anteriores colapsos financieros, los bancos centrales mundiales y las autoridades monetarias, encabezadas principalmente por el Fondo Monetario Internacional, se pusieron de acuerdo para iniciar un periodo de vigilancia, ayuda, y garantías para los mercados financieros mundiales de una manera nunca antes vista. El resultado a corto plazo fue un largo periodo de expansión y calma. Los mercados de capitales se mantuvieron inquietantemente líquidos, incluso ante la aparición de eventos tan traumáticos como los atentados terroristas del 11-S. Los mercados de cambio de divisas entraron en un periodo de reducida volatilidad. El optimismo de los inversores no solo creció en concordancia, sino que sufrió de una exuberancia irracional (por utilizar una expresión bien conocida). El resultado de esta calma artificialmente inducida fue una infravaloración general de la incertidumbre. A día de hoy, existe un consenso general de que el sobre-apalancado sistema bancario era insostenible.

Cuando buscamos una explicación para esta reducida percepción del riesgo y para el rápido crecimiento de las inversiones internacionales, parece razonable empezar a investigar en los mercados de divisas, puesto que el dinero es la conexión entre todas las transacciones. Sin embargo, ni los tipos de cambio entraron en un periodo que podamos considera inusualmente calmado, ni nuestra capacidad de predecir estos tipos ha mejorado[1]. En todo caso, (con la ex-

---

[1] Richard A. Meese y Kenneth Rogoff, «Empirical Exchange Rate Models of the Seventies: Do they Fit Out of Sample?», *Journal of In-*

cepción de la ampliación de la Unión Monetaria Europea), la tendencia ha sido a que cada vez más países cambien a un tipo de cambio flotante. Esto ha generado la necesidad de un componente adicional de previsión empresarial para operar en el mercado. No solo se debe estimar el coste de los factores y el precio de los productos, sino que, si cualquiera de los dos lados de la ecuación del beneficio se ha de calcular en una moneda diferente, también se debe tener en cuenta la fluctuación del tipo de cambio.

Si bien el riesgo promedio de las inversiones extranjeras no ha sido reducido, los episodios específicos de volatilidad se han mitigado notablemente. Las organizaciones internacionales han estado muy predispuestas a intervenir para evitar quiebras soberanas, que son aquellos casos en los que los gobiernos se declaran en quiebra, normalmente por el impago de sus deudas y por inflar su moneda hasta el punto de hacerla inservible. El FMI ha ido incrementando sus actuaciones en pequeñas economías, o economías en desarrollo, con el objetivo de salvar a los inversores de la volatilidad excesiva y de las pérdidas.

Después de la crisis asiática de finales de los 90, el FMI inició una expansión de sus competencias sin precedentes. El Fondo llegó a acuerdos en los que desembolsó cantidades por valor de 17 mil millones de dólares en Tailandia, de 43 mil millones en Indonesia, y de 57 mil millones en Corea del Sur (acuerdos con condiciones que sobrepasaban con mucho el mandato operativo del FMI).[2] Desde luego, el FMI no estaba tan solo luchando contra las crisis económicas en lugares exóticos, sino que también luchaba contra crisis políticas más

---

ternational Economics 14 (1983): pp. 3–24, y Richard A. Meese, «Currency Fluctuations in the Post-Bretton Woods Era», *Journal of Economic Perspectives* 4, n.º 1 (1990): pp. 117-134 proporcionan evidencias de que el valor predictivo que los modelos económicos daban para los tipos de cambio mensuales y trimestrales es esencialmente cero.

[2] Devesh Kapur, «The IMF: A Cure or a Curse?», *Foreign Policy* 111 (verano, 1998): pp. 114-129.

cerca de casa. El Fondo, que fue creado en 1944 como parte
de los acuerdos de Bretton Woods, había sufrido una pérdida de importancia debido a recientes cambios en el sistema
monetario internacional. El fondo inicialmente tenía cuatro
objetivos: 1) fomentar la estabilidad en los tipos de cambio,
2) promover la cooperación en política monetaria, 3) apoyar
la expansión del comercio internacional, y 4) funcionar como
prestamista de última instancia. En los comienzos de Bretton
Woods, con una compleja variedad de tipos de cambio fijos,
algunos de estos objetivos no podían ser perseguidos aisla-
damente por los países. Limitados por sus respectivos tipos
de cambio, muchos países se encontraban con sus manos
intervencionistas atadas cuando llegaban tiempos de crisis.

La transición hacia un sistema global de tipos de cambio
flexibles dio completamente la vuelta a la situación. Los bancos centrales, de manera unilateral, podían expandir su base
monetaria para combatir las crisis de liquidez, con independencia de las depreciaciones en los tipos de cambio (que, bajo
el anterior sistema de Bretton Woods, se mantenían fijos). No
había necesidad de coordinar explícitamente las políticas
monetarias. El banco central de cada país podía perseguir su
propia política, para bien o para mal, y cosechar los beneficios
o soportar las pérdidas de sus propias decisiones. El comercio
internacional difícilmente necesitaba más promoción. La gran
mayoría del mundo había sido testigo de las ventajas que la
apertura de fronteras creó durante el periodo de posguerra,
y las barreras físicas al comercio se estaban convirtiendo en
cosa del pasado. Una enorme cantidad de acuerdos comerciales, tanto unilaterales como bilaterales promovía el libre
comercio sin la necesidad de una burocracia internacional
como el Fondo Monetario Internacional.

Estos cambios condujeron a una crisis en la relevancia
del FMI. En la práctica, este mantuvo solo uno de sus cuatro objetivos originales: asegurar la estabilidad de los tipos
de cambio. Es cierto que, con el nuevo sistema de tipos de
cambio flexibles, este objetivo podía considerarse mucho más

amplio y extenso. La existencia de tipos de cambio flexibles dio al fondo una excusa para intervenir al menor indicio de problemas, con el fin de asegurar unos tipos de cambio «estables» o «controlados», para que el ahora secundario objetivo de promover el comercio internacional no se viera amenazado.

Las exigencias de mayor regulación en asuntos monetarios se hicieron cada vez más habituales. El FMI pasó de ser una agencia de naturaleza reactiva que proporcionaba ayuda a aquellos que la pedían tras haber agotado todas sus opciones, a ser una agencia proactiva que se entrometía en los asuntos de los demás antes de que ninguna necesidad se hiciera patente.[3] Después de la crisis latinoamericana y sobre todo de la del sudeste asiático de los 90, las exigencias de regulación se intensificaron.

«Ahora los gobiernos deben presidir un proceso de fortalecimiento de las bases institucionales y políticas de sus economías para que sean lo suficientemente resistentes como para soportar y beneficiarse de la globalización... El FMI puede y debe desempeñar un papel en el avance de todas las partes de este proceso», declaraba David Lipton.[4] Al comentar la función financiera del FMI, «la cuestión importante», según Jack Boorman[5], era que «la liberalización y la priva-

---

[3] En la práctica, el Fondo se había convertido en un «prestamista de primera instancia» (Daniel Cohen y Richard Portes, «Toward a Lender of First Resort», *International Monetary Fund Working Paper* WP/06/66, 2009).

[4] «Governments must now preside over a process of strengthening the institutional and policy bases of their economies to make them hardy enough to withstand and then benefit from globalization. [...] The IMF can and should play a role in advancing every part of this process.» David Lipton, «Refocusing the Role of the International Monetary Fund», en *Reforming the International Monetary System*, eds. Peter B. Kenen y Alexander K. Swoboda, pp. 345-365 (Washington, D.C.: International Monetary Fund, 2000), p. 346.

[5] «I also agree with the important point he [David Lipton] makes that liberalization and privatization do not imply a lesser role for government. [...] If this crisis has taught us anything, it should be

tización no implica un papel menor para el estado... Si la
crisis nos ha enseñado algo, debería ser la importancia clave
de la infraestructura institucional necesaria para gestionar
con éxito una economía de mercado capitalista (los sistemas jurídicos, los procedimientos de quiebra, las normas, la
transparencia) muchas de las cosas que ahora se unifican bajo
el nombre de arquitectura». La directora gerente del FMI,
Anne Krueger, reiteró esta opinión al público islandés en
un discurso pronunciado el 24 de junio de 2004 en el Banco
Central de Islandia:

Las crisis siempre han sido parte de la labor del FMI. El
reto para el FMI es hacer todo lo posible para evitarlas, pero
una vez que las crisis se producen, el reto es resolverlas de
la mejor manera posible.[6]

A medida que la actual crisis ha ido agravando los déficits
públicos de un gran número de países, el FMI ha pedido a
los países en desarrollo más recursos para combatirla. En
una reciente cumbre, el G-20 acordó triplicar la capacidad
de préstamos del FMI hasta los 750 mil millones de dólares.[7]
Se comprometieron a ampliar la propia «moneda» del FMI,

---

a reminder of the key importance of the *institutional* infrastructure
needed to manage a successful market capitalist economy—legal
systems, bankruptcy procedures, standards, transparency—many
of the things now captured under the heading of architecture.» Jack
Boorman, «On the Financial Role of the IMF», en *Reforming the International Monetary System*, eds. Peter B. Kenen y Alexander K. Swoboda, pp. 366–369 (Washington, D.C.: International Monetary Fund,
2000), p. 366.

[6] «Crises have always been part of the Fund's work. The challenge for the IMF is to do as much as possible to prevent them, but,
once crises occur, to resolve them as smoothly as possible» Anne
Krueger, «The IMF at Sixty: What Role for the Future?» Lecture at
the Central Bank of Iceland, Reikiavik (24 de junio, 2004).

[7] Ya no está claro si el FMI conseguirá lo que originalmente prometió. Solo la mitad de esta cantidad ha sido firmemente compro-
metida por los gobiernos hasta la fecha de publicación del presente
libro.

los derechos especiales de giro, en unos 250 mil millones de dólares.[8]

Con un apoyo rápido y sustancial para los países con riesgo de tener problemas de liquidez o solvencia, la confianza de los inversores extranjeros se mantiene elevada y

---

[8] Algunos han sugerido que una institución internacional, como el Fondo Monetario Internacional (FMI), debe funcionar como un prestamista internacional de última instancia ((Stanley Fischer, «On the Need for an International Lender of Last Resort», *Journal of Economic Perspectives* 13 [1999]: pp. 85–104; Nouriel Roubini y Brad Setser, Bailouts or Bail-Ins? Responding to Financial Crises in Emerging Economies [Washington, D.C.: Institute for International Economics, 2004]; Maurice Obstfeld, «Lenders of Last Resort in a Globalized World», Keynote address, International Conference of the Institute for Monetary and Economic Studies, Tokyo, Bank of Japan [Mayo 27–28, 2009]). Forrest Capie, «Can there Be an International Lender-of-Last-Resort?» *International Finance* 1, n.º 2 (1998): pp. 311–325, y Jeffrey A. Frankel, «International Lender of Last Resort», presentado en Federal Reserve Bank of Boston Conference «Rethinking the International Monetary System», (Junio 7–9, 1999), señalan que el FMI no puede funcionar como un prestamista de última instancia en el sentido tradicional, ya que carece de la capacidad de imprimir dinero. El fondo, sin embargo, se aproxima mucho a este papel debido al gran tamaño de sus reservas en relación con el tamaño de las economías que tiene como objetivo ayudar. Michele Fratianni y John Pattison, «The Bank for International Settlements: An Assessment of Its Role in International Monetary and Financial Policy Coordination», *Open Economies Review* 12, n.º 2 (2001): pp. 197–222, sostienen que el Banco de Pagos Internacionales debe asumir el papel internacional de un prestamista de última instancia, mientras que Varadarajan V. Chari y Patrick Kehoe, «Asking the Right Questions About the IMF», Federal Reserve Bank of Minneapolis, Informe anual (1999): pp. 3–26 afirman que un consorcio formado por la Fed, el BCE y el Banco de Japón sería lo suficientemente grande como para combatir la crisis de liquidez internacional. Por otra parte, Barry Eichengreen y Christof Rühl, «The Bail-In Problem: Systematic Goals, Ad Hoc Means», *Economic Systems* 25, n.º 1 (2001): pp. 3–32, consideran el papel de las disposiciones de la acción colectiva en los contratos de préstamo para ayudar a determinar si la reestructuración es deseable. Barry Eichengreen, *Toward a New International Financial Architecture: A Practical Post-Asia Agenda* (Washington, D.C.: Institute for International Economics, 1999) estudia las propuestas más relevantes.

el temor de impago se elimina (o al menos se reduce). Estos inversores son tentados a asumir mayores niveles de deuda en estos países. El elevado nivel de inversión en estos países resulta en un aumento de la inestabilidad.

Un segundo peligro surge de la mejora en la estabilidad de las finanzas de un país. A medida que la inversión internacional y la confianza en el largo plazo de un país se incrementa, la volatilidad de los tipos de cambio extranjeros se reduce proporcionalmente.[9] En consecuencia, la mayor estabilidad financiera ofrece a los inversores nacionales la ventaja de denominar las deudas en moneda extranjera, que a menudo ofrecen tipos de interés más reducidos. Esto les permite obtener un ahorro sustancial en comparación con el uso de financiación semejante denominada en moneda nacional. Este cambio de fuentes de financiación domésticas a extranjeras supone un coste que puede estar o no incorporado al coste de los préstamos. Dicho coste es, esencialmente, el riesgo de cambio inherente a cualquier deuda en la que la moneda de la fuente de ingresos o de los activos es diferente a la de los pasivos.

Recientemente, el Fondo Monetario Internacional ha intervenido para establecer las reglas de reestructuración en caso de insolvencia. En respuesta al gran número de crisis financieras a lo largo de los años 90, el FMI aumentó su papel como intermediario en los asuntos internacionales. Se multi-

---

[9] Esta reducción del riesgo afectará a los prestamistas marginales. Los tipos de interés pueden permanecer en lo que parece ser un alto nivel que compensa por completo la percepción del riesgo, mientras que al mismo tiempo incitan a los prestamistas marginales a asumir más riesgo del que querrían al tipo de interés vigente. Ludwig von Mises, « 'Elastic Expectations' and the Austrian Theory of the Trade Cycle», *Economica*, n.s., 10, n.º 39 (1943): pp. 251–52) señaló que los tipos de interés artificialmente bajos no necesitan ser considerados bajos ante ningún estándar objetivo para mantener efectos perjudiciales. Reducciones relativas en comparación con el tipo de interés real (es decir, el no manipulado artificialmente) son suficientes para inducir a error empresarial.

plicaron las exigencias para que el FMI funcionase como un prestamista internacional de última instancia con el fin de evitar estas crisis de insolvencia y permitir una vuelta más ordenada a la normalidad.[10] Con la existencia de una agencia supervisora, los mercados internacionales de capital podrían funcionar con renovada confianza en que las futuras crisis financieras no pondrían en peligro el reembolso de la deuda.

Lo que se pasa por alto en este esfuerzo por instaurar un prestamista internacional de última instancia es que cuantos más países rescate el FMI, mayor será el problema del riesgo moral en otros países. En los mercados normales, los prestamistas hacen préstamos a los prestatarios, y los prestatarios pueden entrar en bancarrota. Las deudas se liquidan a través de un procedimiento de quiebra en el sistema judicial; «así es como se supone que funcionan las economías de mercado.»[11] Los países de riesgo, y, lo que es más importante, sus acreedores, ven la práctica de garantizar los rescates como una póliza de seguro. Los inversores son menos cautelosos al invertir en las economías en desarrollo, ya que el FMI ha garantizado implícitamente cubrir sus pérdidas en el caso de una catástrofe financiera.

Es posible que establecer un prestamista internacional de última instancia sea innecesario en la mayoría de los casos. Al fin y al cabo, una nación soberana tiene la ventaja de que su banco central puede incrementar la oferta monetaria y retirar las obligaciones de deuda denominadas en su propia moneda.[12] Esta destacada característica (un banco central que

---

[10] Robert Gilpin, *The Challenge of Global Capitalism: The World Economy in the Twenty-First Century* (Princeton, N.J.: Princeton University Press, 2000), p. 335.

[11] Joseph E. Stiglitz, *Globalization and Its Discontents* (New York: W. W. Norton and Company, 2003), p. 201.

[12] Hay países dolarizados, como Mónaco, Liechtenstein o Kósovo, que han adoptado la moneda extranjera, como euros o francos suizos. Carecen de la capacidad de deshacerse de sus deudas vía inflación (de hecho, en algunos casos, en realidad no hay necesidad de ello: El Principado de Liechtenstein no tiene ninguna deuda

actúa como prestamista de última instancia) debería eliminar la posibilidad de que el sistema bancario se vuelva insolvente, siempre y cuando las deudas se hayan emitido en la moneda doméstica.

Sin embargo, la estabilidad inducida artificialmente en los países emergentes ha permitido a los empresarios diversificar su financiación hacia monedas extranjeras más estables que la nacional, pues esta seguirá sufriendo de una elevada prima de riesgo.[13] Estas fuentes de financiación externa ofrecen la ventaja de tener una prima de riesgo menor, lo que reduce el coste de la deuda. Los tipos de cambio estables instigados por el FMI conducen a una infravaloración del riesgo, en forma de reducción de la volatilidad del tipo de cambio. Como resultado, hay grandes incentivos para que tanto los gobiernos como los empresarios asuman pasivos en moneda extranjera.

Esta infravaloración del riesgo llevó a los bancos de Islandia a tomar pasivos denominados en moneda extranjera. También causó un aumento de la especulación internacional en Islandia, ya que los extranjeros se dejaron llevar por la idea de que la corona era menos arriesgada de lo que sus cimientos habrían sugerido.

---

pública). Estos son, sin embargo, una minoría en comparación con el número de naciones soberanas con bancos centrales y políticas monetarias independientes.

[13] El Fondo Monetario Internacional («Review of Recent Crisis Programs», [Septiembre 14, 2009], p. 45) recientemente se ha hecho eco de ello, diciendo que, si bien la estabilidad de los tipos de cambio es vital para el crecimiento de las economías en desarrollo, este objetivo debe ser considerado en función de las posibles necesidades de ajuste en el futuro.

IV
DESCALCE MONETARIO

En la pequeña economía de Islandia, los fondos domésticos para el rentable negocio del descalce de plazos eran limitados. Durante el *boom* en el sector financiero, los bancos empezaron a buscar fondos de otras fuentes. Los depósitos nacionales al por menor eran muy limitados y no lograban satisfacer la lujuria de los bancos por la expansión crediticia, por lo que siguieron el camino de los bancos de inversión en EE. UU., que no tenían depósitos minoristas: utilizaron mercados mayoristas para financiar sus balances y atraer honorarios de la banca de inversión. Los bancos islandeses fueron capaces de aprovechar estos fondos debido a sus buenas calificaciones crediticias.

En 2003, Kaupþing se fusionó con Bunadarbanki, y la nueva entidad recibió una calificación de crédito A2, lo que alteró drásticamente la manera en que el banco se financiaba. Ahora Kaupþing podía emitir bonos en mercados internacionales[1] y siguió la estrategia de comprar bancos mejor calificados para mejorar su propia calificación. Los demás bancos islandeses también mejoraron sus calificaciones durante el auge de liquidez global en los primeros años de la década del 2000, logrando el acceso a los mercados mayoristas. Más tarde, los bancos islandeses trataron de conseguir un mayor acceso a los mercados minoristas extranjeros mediante la oferta de cuentas de

---

[1] Thorvaldsson, *Frozen Assets*, p. 106.

depósito, la mayoría a través de internet, a clientes en Gran Bretaña, Países Bajos y Alemania.

De esta manera, los bancos islandeses adquirieron préstamos extranjeros a corto plazo para invertirlos en el largo plazo, tanto nacional como internacionalmente. Esto se hizo particularmente tentador, ya que los tipos de interés islandeses eran más altos que aquellos de los bancos centrales extranjeros, que habían adoptado políticas monetarias expansivas aún más extremas que las del Banco Central de Islandia. Esto nos lleva al segundo problema más específico de Islandia: el descalce monetario.

Al igual que el descalce de plazos, el descalce monetario se basa en un arbitraje rentable, esta vez en los tipos de cambio. Mientras que el descalce de plazos hace uso del hecho de que los tipos de interés sean normalmente más bajos para plazos más cortos que para plazos más largos (una variación de los tipos a través del tiempo), el descalce monetario explota las diferencias entre los tipos de interés en distintas economías (una diferencia de los tipos en el espacio). El descalce monetario implica que los inversores se endeudan en áreas monetarias donde el tipo de interés es bajo, e invierten en países donde este es alto. En la actualidad, esto se conoce popularmente como el *carry trade* (o bicicleta financiera). La Ilustración 4 muestra las notables diferencias entre las políticas de tipos de interés de la Fed, el BCE, y el Banco de Japón (BoJ) en comparación con BCI.

Como los tipos de interés islandeses eran relativamente altos, los inversores se endeudaron en dólares, euros y yenes a bajos tipos de interés, e invirtieron en activos islandeses. Esto, al igual que el descalce de plazos, es arriesgado. Cuando la moneda en la que se ha invertido se deprecia en relación con la moneda en la que se prestó, puede haber pérdidas considerables, resultando en la insolvencia de los inversores que explotaron el carry trade.

Así como con el descalce de plazos, la cuestión que se nos plantea con el descalce monetario es: ¿Por qué los bancos

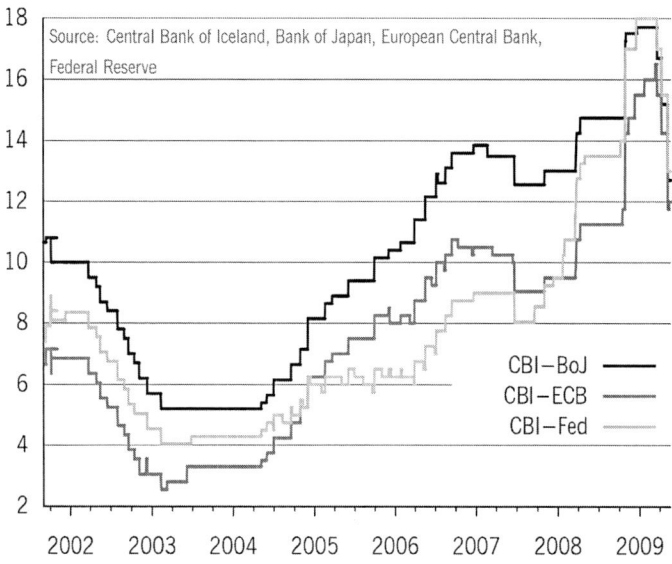

Ilustración 4: Brechas de los tipos de interés del BCI con el BoJ,
el BCE y la Fed (en porcentaje)[2]
Fuente: Banco Central de Islandia, Banco de Japón, Banco Central
Europeo y Reserva Federal.

islandeses incurrieron tanto en esta arriesgada práctica? ¿O
por qué alguien lo haría siquiera? La respuesta está relacio-
nada a unas garantías gubernamentales implícitas. Debido
a las garantías gubernamentales implícitas, sobre todo la
posibilidad de obtener la asistencia del FMI en situaciones
desesperadas, los agentes empiezan a creer que el riesgo del
tipo de cambio es menor.

Se puede hablar de una ilusión causada por las garantías
del Estado. La ilusión consiste en la idea de que la intervención del gobierno puede y va a mantener los tipos de cambio

---

[2] Hemos utilizado como tipos de interés el tipo de la política monetaria del BCI, el objetivo de los tipos de los fondos federales de la
Fed, la tasa de descuento básica del BoJ y las operaciones principales
de refinanciación del BCE.

más estables de lo que realmente son.[3] Si estas acciones esta-
bilizan los tipos de cambio artificialmente, los inversores per-
ciben menor riesgo en un carry trade relativamente rentable.
El riesgo de pérdidas por los movimientos adversos del tipo
de cambio por lo general limita el alcance de esta práctica.
Los empresarios están alerta frente a este riesgo. De hecho,
es una de las preocupaciones fundamentales de las empresas
que trabajan a nivel internacional. Para estas empresas, la
moneda de los ingresos rara vez coincide con la moneda de
los gastos, por lo que son cautelosos al tomar decisiones que
dependan o impliquen depender de los movimientos de los
tipos de cambio.

Además, los inversores pueden pensar que los países que
están muy interconectados con los mercados financieros internacionales son «*too big to fail*». De hecho, esto es lo que
algunos de los propios banqueros islandeses pensaban: otras
naciones los rescatarían. El ex director general de Kaupthing
Singer & Friedlander, Armann Thorvaldsson escribe:

> Siempre creí que si Islandia se metía en problemas, sería fácil
> obtener ayuda de países amigos. Esta convicción se basó en
> el hecho de que, a pesar del gran tamaño relativo del sistema
> bancario en Islandia, el tamaño absoluto era, desde luego,
> muy pequeño. Para naciones amigas, prestar una mano no
> hubiera sido difícil.[4]

---

[3] Nuestro argumento sobre la ilusión de un tipo de cambio fidu-
ciario estable coincide con el argumento de Jörg Guido Hülsmann
(«Toward a General Theory of Error Cycles», *Quarterly Journal of
Austrian Economics* 1, n.º 4 [1998]: pp. 1-23) de que las intervenciones
estatales provocan ilusiones que causan errores cíclicos. La banca de
reserva fraccionaria es una de las causas de estos errores. La estabilización del tipo de cambio fiat es otra causa de los mismos.

[4] «I always believed that if Iceland ran into trouble it would be
easy to get assistance from friendly nations. This was based not least
on the fact that, despite the relative size of the banking system in
Iceland, the absolute size was of course very small. For friendly na-

En otras palabras, Thorvaldsson creía que, si las cosas iban de mal en peor, otras naciones rescatarían a Islandia. Sin embargo, no había pensado en la interconexión de los mercados financieros y la posibilidad de un colapso financiero a nivel mundial. En el otoño de 2008, los países occidentales tenían sus propios problemas y no fueron capaces de ocuparse de los de Islandia.

Los inversores pueden haber pensado que sería muy poco probable, si no imposible, que una nación occidental de gran prestigio se enfrentase a una bancarrota y el consiguiente colapso de su moneda. Después de todo, Islandia había obtenido altas calificaciones en el Índice de Desarrollo Humano de las Naciones Unidas de manera consistente; su PIB per cápita era de los más altos del mundo; su mano de obra estaba bien educada; y su marca global era cada vez más conocida. Su ya conocida lista de logros se hacía más extensa cada año. Islandia expandió el alcance de su sector financiero rápidamente alrededor del mundo, y ascendió meteóricamente al estrellato financiero internacional. Muchos inversores no esperaban que una estrella tan brillante pudiera caer. Y aunque esta estrella en ascenso se convirtiese en una estrella fugaz, ¿quién no se apresuraría a rescatar a Islandia para prevenir un colapso global? El FMI había rescatado economías que estaban mucho menos integradas con el resto del mundo que Islandia (Letonia, por ejemplo). Debido a esta mayor estabilidad percibida, el descalce monetario floreció.

Existe otra razón por la cual se creía que el descalce monetario no era problemático.[5] Los bancos pensaron que sus swaps de divisas iban a cubrir sus riesgos. Un swap de divisas es un intercambio de flujos de efectivo futuros denominados en diferentes divisas. Solo puede ser fruto de un mundo que dejó atrás el patrón oro y se encuentra plagado de un sinfín

---

tions to lend a helping hand would not be difficult.» Thorvaldsson, *Frozen Assets*, p. 194.

[5] Juan Ramón Rallo, «¿Qué pasó en Islandia?» La Ilustración Liberal 41 (2009): p. 46.

de monedas fiat. Imagine que un pescador islandés vende su pescado en el Reino Unido a cambio de libras esterlinas. Para pagar sus cuentas en Islandia, requiere de coronas islandesas. Al mismo tiempo, es posible que un empresario británico venda coches británicos en Islandia por coronas, pero que pague su hipoteca en Londres con libras. Ambos empresarios enfrentan un riesgo. Por ejemplo, el empresario británico se enfrenta al riesgo de que la corona se deprecie antes de que se le pague por el coche. Tiene que convertir sus ingresos en coronas a libras para pagar su hipoteca, pero este ingreso puede tener un valor inferior en el futuro si la corona se deprecia frente a la libra. Por tanto, los dos empresarios podrían llegar a un acuerdo: el empresario británico puede dar una parte de sus ingresos en corona islandesa al pescador, a cambio de los ingresos en libras del pescador, a un tipo de cambio acordado. Debido a que el tipo de cambio es fijo en un principio, pueden olvidarse de las futuras fluctuaciones del tipo de cambio.

Es cierto que los bancos islandeses compraron muchos swaps para cubrir sus posiciones. Esto dio a muchas personas una falsa sensación de seguridad en lo que respecta a unas futuras limitaciones de liquidez. En 2004, un informe del FMI reforzó la creencia de que la diversificación del sector bancario islandés en los mercados extranjeros era un desarrollo positivo.[6] Si bien es cierto que la diversificación de los ingresos no constituía un problema, hubo un desajuste considerable y creciente entre los préstamos en moneda extranjera y los ingresos en las mismas. En 2004, alrededor de un 20% o 30% de los préstamos en denominación extranjera fue destinado a empresas sin ingresos extranjeros que los compensasen. En lugar de cuestionar las razones de este creciente desequilibrio o proponer acciones para limitarlo, el FMI recomendó que las autoridades financieras aumentasen aún más su regulación y supervisión con el fin de tratar

---

[6] IMF, «2004 Staff Visit.»

de resolver las crisis potenciales derivadas de este descalce inmediatamente después de que tuvieran lugar.

Al juzgar que sus swaps de divisas los protegerían, los banqueros islandeses no tuvieron en cuenta el efecto concomitante del descalce de plazos, lo que hizo que los swaps fuesen insuficientes para ayudarlos. Cuando la deuda externa a corto plazo vence, hay una necesidad repentina de divisas para cancelarla. Un swap de divisas solo permite la disposición de una pequeña suma cada año (u otro período determinado de tiempo). Por ejemplo, imagine que un banco ha prestado 100 000 € con el fin de conceder una hipoteca de 13 millones de coronas islandesas.[7] Paga 8000 € (8 por ciento) de interés a su acreedor y recibe 1.3 millones de coronas del titular de la hipoteca (10 por ciento) al año. Con un swap, el banco puede convertir cada pago anual del titular de la hipoteca (1.3 millones de coronas) en euros a un tipo fijo (digamos 140 coronas por euro). Así, el banco ha cubierto sus gastos de 8000 € cada año, mediante la recepción de 9286 €. No obstante, el total de la hipoteca no puede convertirse en euros de golpe. Si el banco tomó prestados los 100 000 € por un período breve y el préstamo no puede ser renovado, súbitamente el banco necesita el total de los 100 000 €. No ayuda que el banco sea capaz de convertir 1 300 000 coronas en 9286 €, ya que el banco necesita la cantidad total: 100 000 €.

Mientras los bancos centrales extranjeros continuaban ofreciendo créditos a tipos de interés artificialmente bajos, los bancos islandeses no tenían problemas para renovar sus deudas a corto plazo. La calificación de sus inversiones dio un aparente acceso ilimitado al financiamiento externo al por mayor. De hecho, el descalce monetario es una forma de exportar la expansión crediticia (o el descalce de plazos en general).

---

[7] Nuestra elección de 100 000 € es meramente orientativa. El sistema bancario islandés se enredó en millones de euros de los swaps de divisas, los cuales sirvieron para crear problemas de liquidez al no poder ser renovados.

Tras los atentados del 11-S, la liquidez internacional había sido muy amplia. Los tipos de interés para los préstamos denominados en euros, dólares y yenes eran muy bajos. La Reserva Federal mantuvo tipo de interés objetivo en un 1% durante casi un año (desde el 25 junio de 2003 al 20 junio de 2004), el Banco Central Europeo mantuvo su tipo de interés del 2% durante dos años y medio (desde el 6 de junio de 2003 al 6 de diciembre de 2005), y el Banco de Japón mantuvo su tasa de descuento por debajo del 1% entre 2001 y 2008. La inflación monetaria que persiguieron la Fed, el BCE y el Banco de Japón se muestra en la ilustración 5.

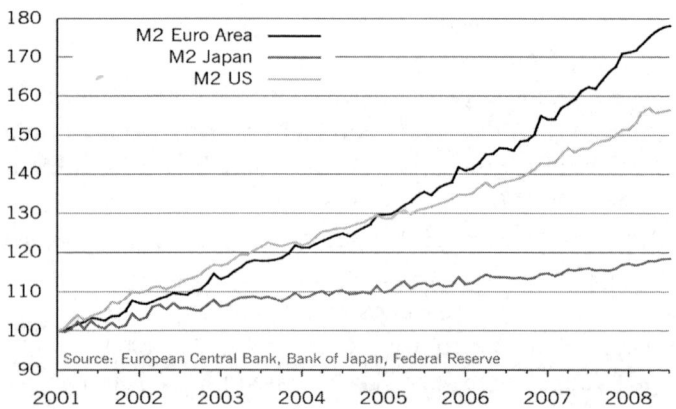

Ilustración 5: M2 de la Eurozona, del yen japonés y del dólar estadounidense (enero de 2001 = 100)[8]
Fuentes: Banco Central Europeo, Banco de Japón, Reserva Federal.

A través del descalce monetario, las principales economías exportaron su expansión crediticia a Islandia. Por lo tanto, los tipos de interés artificialmente bajos de Europa, EE. UU. y

---

[8] Todas las cifras son mensuales. El crecimiento de euros se basa en cantidades de fin de período. Las cantidades de yenes son promedios del período excepcional. Las cifras de EE. UU. en dólares no están ajustadas estacionalmente.

Japón enviaron señales equivocadas a los empresarios sobre la disponibilidad de ahorro real, no solo en sus áreas monetarias, sino también en Islandia. Y es que no solo los islandeses llevaron a cabo más inversiones en monedas extranjeras de lo que parecería prudente dado el riesgo en el tipo de cambio, sino que en Islandia se invirtió más en moneda extranjera de lo que en el exterior se estaba ahorrando.

Este descalce monetario alcanzó dimensiones impresionantes. Durante la última década, el sistema financiero islandés había asumido una parte significativa de sus necesidades de financiación en moneda extranjera.

La ilustración 6 muestra los activos nacionales menos los pasivos nacionales del sistema bancario islandés en la escala positiva, y en la escala negativa sus activos menos los pasivos, ambos en denominación extranjera.

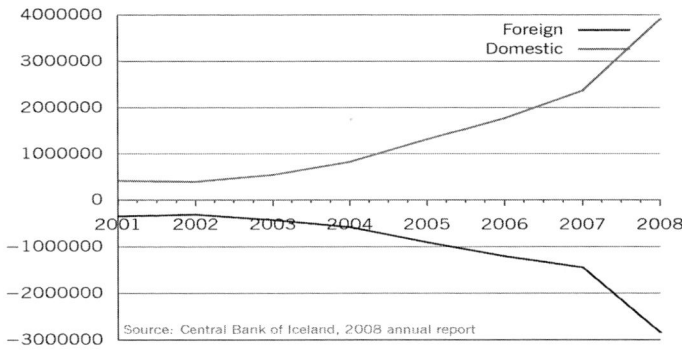

lustración 6: Activos domésticos y en denominación extranjera netos del sistema bancario (millones de coronas).
Fuente: Banco Central de Islandia, Informe Anual de 2008.

Algo aún más sorprendente es el aumento de los pasivos externos que se produjo durante este período de siete años: 2300%. Por el contrario, los pasivos domésticos aumentaron en un 600% como resultado de bajos tipos de interés nominales y tipos reales cercanos a cero.

El Banco Central de Islandia estableció como objetivo una tasa de inflación del 2.5% (con un intervalo de tolerancia del 1% al 4%) durante la década del 2000, pero lo sobrepasó frecuentemente. *Statistics Iceland* muestran que la inflación fue de entre un 4% y un 6% durante los mismos años (tabla 3). Los tipos de interés reales cayeron por debajo del 3% en 2004, el mismo año en que el BCI inundaba de crédito al sistema financiero (más de un 30% de crecimiento de la M1) y los grandes bancos de Islandia comenzaban a competir agresivamente en el mercado hipotecario nacional. Los bancos aprovecharon estos tipos de interés bajos para ampliar sus operaciones, tanto en Islandia como en el extranjero.

	Tipo Oficial[9]	Meta de Inflación	IPC	Tipo de Interés Real
2000	10.5	2.5	5.0	5.4
2001	10.9	2.5	6.7	4.2
2002	8.4	2.5	4.8	3.6
2003	5.4	2.5	2.1	3.2
2004	6.2	2.5	3.2	2.9
2005	9.4	2.5	4.0	5.3
2006	12.5	2.5	6.8	5.8
2007	13.8	2.5	5.0	8.8
2008	15.6	2.5	12.4	3.2

Tabla 3: Tipo de interés oficial del BCI, inflación
y tipo de interés reales (2000-2008).
Fuente: Banco Central de Islandia, *Statistics Iceland*.

Para 2008, la brecha de financiación externa (activos menos pasivos en denominación extranjera) ascendió al 22% del PIB de 2007. Parece que los activos domésticos valorados a

---

[9] Tasa media anual.

precios inflados cubrieron esa brecha. En 2008, los pasivos externos ascendieron a ocho veces el PIB de 2007.

Esta divergencia en las fuentes de financiación puede ser observada con más claridad si se evalúa la existencia de brechas y excesos sobre una base anual, como se muestra en la tabla 4.

Descalce Monetario

	Brecha extranjera	Superávit Doméstico	Crecimiento Brecha extranjera (%)	Crecimiento Superávit Doméstico (%)
2001	-348 114	412 145		
2002	-311 013	391 492	-11	-5
2003	-429 435	541 505	38	38
2004	-578 923	820 944	35	52
2005	-902 869	1 308 025	56	59
2006	-1 202 619	1 768 836	33	35
2007	-1 446 475	2 368 527	20	34
2008	-2 842 375	3 906 646	97	65
	Crecimiento Total:		717	848

Tabla 4: Brechas de financiación en denominación doméstica y extranjera (millones de coronas, porcentaje interanual). Fuente: Banco Central de Islandia, Informe Anual de 2008.

Como se puede observar, en 2001, la relativamente pequeña brecha de financiación externa (activos exteriores menos pasivos exteriores) había aumentado en un 717% durante los ocho años precedentes al colapso de 2008. Es cierto que el superávit de financiación doméstico creció a un ritmo aún más notable. Sin embargo, a finales de 2008, a medida que el *boom* llegaba a su extremo, la cantidad de pasivos externos que carecían de cualquier fuente de financiación externa duplicaba la del comienzo del año. Este intenso aumento de pasivos en denominación extranjera sin fondos finalmente culminó con la caída de la corona en el mercado de divisas, poniendo fin a cualquier adquisición extranjera.

Una de las principales fuentes de financiación externa fueron los préstamos denominados en yenes japoneses.[10] Durante muchos años, el Banco de Japón aplicó una política monetaria muy laxa para combatir su dilatada recesión. Como resultado de estos tipos de interés artificialmente bajos, los préstamos en yenes fueron obtenidos a niveles históricamente bajos, a veces tan bajos como un 1% anual. Debido a estos atractivos niveles en los tipos de interés, una enorme cantidad de liquidez a corto plazo estaba disponible, lo que a su vez permitió la inversión en el ya famoso descalce de plazos. Los islandeses invirtieron fondos a corto plazo, tanto domésticos como extranjeros, en inversiones a largo plazo, provocando malas inversiones e inflación, tanto en el territorio nacional como en el extranjero. El uso de la financiación externa a tipos de interés bajos se convirtió en un escenario ubicuo en el panorama financiero. Cuando se presentaba la posibilidad de elegir entre préstamos con tipos de interés de dos dígitos, denominados en coronas, y préstamos a tipos de interés insignificantes en el extranjero, esta última opción era la elegida en casi todos los casos. Como jefe del departamento de economía de la Universidad de Islandia, Gunnar Haraldsson relata: «Cuando usted compraba un coche, le

---

[10] Aproximadamente un 80% de los préstamos en monedas extranjeras concedidos a familias, estaban denominados en las dos monedas con los tipos de interés más bajos: en francos suizos y yenes japoneses (Willem H. Buiter and Anne Sibert 2008, p. 16). De hecho, las propias políticas domésticas de Islandia difícilmente pueden haber sido la única fuente de esta extrema expansión crediticia. Tras el colapso de Islandia, el Banco de Pagos Internacionales señaló que: «Durante los primeros años del siglo XXI, la situación en los mercados financieros mundiales fue muy inusual. La oferta de crédito era prácticamente inagotable y los tipos de interés fueron los más bajos en cien años. Los mercados financieros tenían un antojo de bonos, incluyendo los emitidos por los bancos islandeses, que fueron una bienvenida adición a muchos de los valores estructurados que se hicieron tan populares» (Ingimundur Friðriksson, «The Banking Crisis in Iceland in 2008», BIS Review 22 [2009]).

preguntaban: ¿Cómo quiere financiarlo? ¿Una mitad en yenes y la otra mitad en euros?»[11] .

El crédito islandés de denominación extranjera se incrementó en más de un 550% entre el último cuatrimestre de 2004 y el último cuatrimestre de 2005.[12] Los bajos tipos de interés extranjeros proveyeron de amplia liquidez a los islandeses, que dirigieron hacia inversiones altamente rentables. Junto al fortalecimiento del tipo de cambio de la corona islandesa, esta fuente de financiación generaba ganancias por sí sola, dado que el dinero prestado era devuelto en unidades monetarias depreciadas. El diferencial de tipos de interés (el famoso carry trade) fue altamente rentable durante varios años. Los bancos islandeses estaban seguros de que el riesgo en el tipo de cambio estaba ampliamente cubierto, por lo que se permitieron desarrollar una importante brecha de financiación externa.[13]

Los bancos islandeses emitieron pasivos externos a corto plazo que más tarde cambiarían por coronas islandesas en el Banco Central. Como consecuencia, la oferta de dinero islandés se incrementó, aunque la demanda de coronas islandesas por parte de los bancos mantuvo el tipo de cambio de manera artificial. Las coronas de nueva creación fueron prestadas a los islandeses a largo plazo. El resultado de esta combinación de descalce monetario y de plazos puede ser observado en la ilustración 7.

---

[11] «When you bought a car, you'd be asked, 'How do you want the financing? Half in yen and half in euros?'». Citado de Gumbel, «Iceland: The Country that Became a Hedge Fund.»

[12] Honjo y Mitra, «Iceland: Selected Issues», p. 25.

[13] Tchaidze, Annett, y Ong, «Iceland: Selected Issues», p. 26.

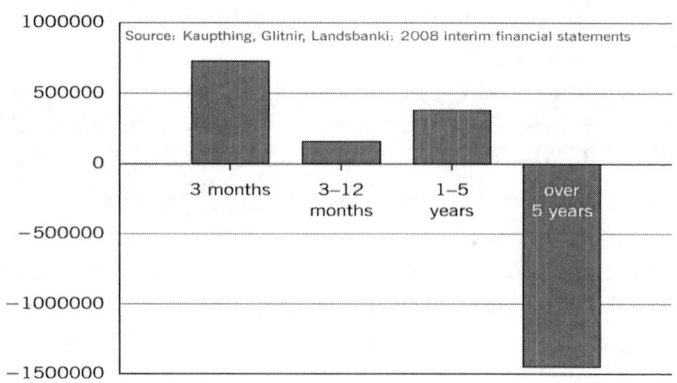

Ilustración 7: Brecha de financiación externa: tres grandes bancos
(millones de coronas)[14]
Fuente: Kaupþing, Glitnir, Landsbanki: Informes financieros provisionales 2008.

Los bancos utilizaron el apalancamiento de la deuda externa para aumentar sus ganancias. Casi el 70% de las deudas de los bancos islandeses estaban denominadas en moneda extranjera.[15] Algunas de estas deudas fueron utilizadas para conceder préstamos en moneda extranjera. Por ejemplo, los bancos islandeses tomaron pasivos extranjeros para otorgar préstamos en moneda extranjera a empresas nacionales, que utilizaron estos fondos para «irse de compras», adquiriendo empresas y activos por toda Europa. Otra parte importante de esta deuda externa, 2 mil millones y medio de coronas, fue utilizada para conceder préstamos denominados en coronas

---

[14] La brecha de financiación externa se define como los pasivos menos los activos en denominación extranjera de una cierta madurez. Una brecha positiva de financiación de plazos de hasta tres meses significa que hay más pasivos que activos venciendo en este período. La descomposición de divisas de la estructura temporal de los activos de cada banco no ha sido públicamente revelada. Por tanto, los respectivos descalces de divisas han sido calculados suponiendo que la proporción de activos en moneda extranjera y los pasivos en el balance total es constante en todos los plazos.

[15] Rallo, «¿Qué pasó en Islandia?».

que ascendían a casi el doble del PIB de Islandia. En otras palabras, el descalce monetario fue casi el doble de toda la capacidad productiva anual de Islandia.

Los bancos islandeses pudieron haber cubierto esta brecha fácilmente cuando la corona se encontraba fortalecida con relación a las monedas extranjeras, pero a medida que el tipo de cambio comenzó a debilitarse, cubrir aquella brecha se hizo cada vez más difícil. El colapso de la moneda creó una fuga en el sistema financiero que el BCI no podía reparar mediante el aumento de la masa monetaria. Con solamente activos domésticos depreciados para vender y así «tapar el agujero», los bancos no podían soportar el desagüe financiero causado por los préstamos extranjeros.

Aproximadamente, solo 7.5 billones de coronas en activos externos estaban disponibles para financiar pasivos externos de más de 10 billones de coronas. Incluso teniendo en cuenta los activos domésticos disponibles, la base total de activos de 15 billones de coronas apenas hubiese sido suficiente para cubrir los compromisos de deuda de 14 billones de coronas, tanto externos como domésticos. Cualquier impacto sobre el tipo de cambio hubiera planteado un problema de liquidez para el sector bancario, puesto que los pasivos apenas podían cubrirse.

Este sistema de apalancamiento financiero, en gran medida financiado con los pasivos denominados en moneda extranjera, se hizo insostenible. La reducción en el tipo de cambio de la corona creó una brecha demasiado grande como para ser cubierta a través de la venta continua de activos domésticos.

El FMI, todo sea dicho, se dio cuenta de esto ya en 2004.[16] El fondo expresó su preocupación por que la mayoría de los préstamos en el sector financiero islandés se estuvieran llevando a cabo en plazos cortos, y que el 20% o 30% de los préstamos externos fueron otorgados a empresas sin com-

---

[16] IMF, «2004 Staff Visit.»

pensación alguna en divisas extranjeras. Esta posición sin cobertura significaba que, si se diera un shock en el tipo de cambio, las empresas nacionales no tendrían recursos suficientes para financiar estos pasivos, más allá de algunas fuentes denominadas en coronas islandesas. Esta asimetría expuso a muchas empresas a altos grados de riesgo en el tipo de cambio, lo que se hizo dolorosamente evidente a finales de 2008, cuando el tipo de cambio comenzó a derrumbarse.

De hecho, este creciente descalce fue reconocido, pero se le restó importancia al mismo tiempo. En un informe del FMI sobre Islandia,[17] Tchaidze, Annett, y Ong escribieron que el constante crecimiento de los préstamos externos «podría convertirse en un importante riesgo *indirecto* de crédito para los bancos.»[18] En solo un año (2006) los préstamos denominados en moneda extranjera tuvieron un incremento del 68% al 85% del PIB. Este incremento se concentró en servicios, comercios minoristas y en la industria de la construcción, exactamente las mismas industrias que tenían la menor cantidad de ingresos extranjeros para compensar las posiciones y mitigar el riesgo. Era cada vez más evidente que este descalce se basaba en la creencia de que el BCI seguiría aplicando una política monetaria para fortalecer la corona islandesa, permitiendo que estos préstamos extranjeros pudieran devolverse fácilmente.

Siempre que la liquidez internacional se mantuvo alta, los bancos islandeses no tuvieron ningún problema en obtener nuevos fondos a corto plazo y en moneda extranjera de manera continuada. No obstante, cuando el grifo de la liquidez internacional a corto plazo se cerró, los bancos islandeses se quedaron únicamente con activos a largo plazo ilíquidos.

---

[17] Tchaidze, Annett, and Ong, «Iceland: Selected Issues», p. 24.

[18] Tchaidze, Annett y Ong señalaron que «los préstamos de los bancos en moneda extranjera para los hogares, que aumentaron considerablemente, podrían convertirse en un importante riesgo indirecto de crédito, ya que los hogares sin cobertura podrían subestimar el impacto de los movimientos de divisas en sus costos del servicio de la deuda». (2007, p. 32).

V

LAS CONSECUENCIAS DEL *BOOM*: MALAS INVERSIONES

La Teoría Austriaca del Ciclo Económico describe el proceso por el cual un auge económico es producido por un error generalizado.[1] La expansión crediticia desvía el gasto y la inversión de tres formas distintas.

En primer lugar, se producen malas inversiones por una inadecuada asignación de capital. Las inversiones sostenibles

---

[1] La Teoría Austriaca del Ciclo Económico fue desarrollada por primera vez por Ludwig von Mises (*The Theory of Money and Credit* [New Haven, Conn.: Yale University Press, [1912] 1953.]; *Human Action: A Treatise on Economics* [Auburn, Ala.: Ludwig von Mises Institute, 1949]) y F. A. Hayek (*Prices and Production* [London: Routledge, 1931]; *Profits, Interest, and Investment* [New York: Kelley, 1939]). Desarrollos adicionales se pueden encontrar en Richard von Strigl (*Capital and Production*, traducido por M. Hoppe y H. Hoppe [Auburn, Ala.: Ludwig von Mises Institute, 1934]), Hülsmann («Error Cycles»), Roger W. Garrison (Time and Money: The Macroeconomics of Capital Structure [London: Routledge, 2001]; «Overconsumption and Forced Saving in the Mises–Hayek Theory of the Business Cycle», *History of Political Economy* 36, n.º 2 [2004]: pp. 323–349), Huerta de Soto (*Dinero, Crédito Bancario, y Ciclos Económicos*), Toby Baxendale y Anthony Evans («Austrian Business Cycle Theory in Light of Rational Expectations: The Role of Heterogeneity, the Monetary Footprint, and Adverse Selection in Monetary Expansion», *Quarterly Journal of Austrian Economics* 11, n.º 2 [2008]: pp. 81–93), Philipp Bagus («Monetary Policy as Bad Medicine: The Volatile Relationship Between Business Cycles and Asset Prices», *Review of Austrian Economics* 21, n.º 4 [2009]: pp. 283–300; «Austrian Business cycle Theory»), y David Howden («Knowledge Shifts and the Business Cycle: When Boom Turns to Bust», R*eview of Austrian Economics* 23, n.º 2 [2010]: pp. 165–182).

son aquellas que se financian con ahorros reales. Un aumento en la cantidad de ahorros reales reduce el tipo de interés, indicando así a los empresarios que hay recursos adicionales disponibles. De esta manera, los empresarios pueden iniciar nuevos proyectos de inversión utilizando los recursos que han sido ahorrados. La expansión crediticia implica un incremento en la oferta de dinero, pero *no* en ahorros reales. Producir más dinero, o el aumento de la oferta de crédito, no hace que haya más recursos disponibles. La expansión crediticia provoca una caída de los tipos de interés pese a que no se haya producido un aumento en el ahorro real. Los tipos de interés son artificialmente bajos. A estos tipos reducidos, se hacen rentables proyectos de inversión que no lo hubieran sido si se hubieran mantenido los tipos altos. Por consiguiente, se llevan a cabo proyectos de inversión que no pueden completarse con los ahorros reales disponibles. En palabras de Mises:

> La clase empresarial, en su conjunto, se asemeja a un constructor que, con una limitada cantidad de materiales, pretende edificar una casa. Si sobreestima sus disponibilidades, trazará proyectos que excederán la capacidad de los medios de que dispone. Dedicará una parte excesiva de los mismos a trabajos de explanación y a cimentaciones, para después advertir que con los materiales restantes no puede terminar el edificio. El error de nuestro constructor no consistió en efectuar inversiones excesivas, sino en practicarlas desatinadamente, habida cuenta de los medios de que disponía.[2]

En segundo lugar, el consumo aumenta por encima de lo que hubiera sido si los tipos de interés se mantuvieran en su más alto nivel natural. Atraídas por el tipo de interés artificialmente bajo, las personas aumentan su nivel de consumo, reduciendo así sus ahorros. Se endeudan cada vez más

---

[2] Mises, *La Acción Humana*, p. 663.

y aumentan sus gastos, típicamente en bienes de consumo duradero.[3]

En tercer lugar, ocurre una desviación hacia el sector en el que la expansión crediticia genera las mayores ganancias, es decir, el sector financiero. La aumentada masa monetaria se filtra por la economía a través de los grandes bancos según otorgan préstamos a pequeños comercios y extienden créditos al consumo. Al hacer uso de esta nueva liquidez antes que otros, los bancos obtienen beneficios antes de que los efectos Cantillon entren en juego. Los precios solo aumentarán *una vez que* de que otras empresas hayan empleado el dinero. Además, como el sector financiero crea nuevo dinero de manera endógena, concediendo préstamos contra sus depósitos, sus beneficios se disparan, atrayendo así recursos de toda la economía. Si este proceso es suficientemente duradero, el sistema bancario no logrará mantener sus más altos beneficios relativos, viéndose superado por empresas dedicadas exclusivamente a la especulación financiera. Ya no resulta ventajoso ganar dinero únicamente otorgando préstamos en la ahora decadente economía real. La especulación se convierte en un motor de beneficios, los cuales dependen de un continuo flujo de dinero y crédito para mantener al alza sus precios.[4] Una vez más, este movimiento está marcado por

---

[3] El aumento más pronunciado de los bienes de consumo se da en la categoría de bienes duraderos. De la misma forma que los proyectos de inversión de larga duración son impulsados más por ser relativamente más rentables que los de corta duración a tipos de interés más reducidos, aquellos bienes de consumo que son duraderos se vuelven relativamente más valiosos que los no duraderos. Una vida útil más larga incrementará el valor actual neto, a medida que el tipo de interés se reduce.

[4] Philipp Bagus («Asset Prices—An Austrian Perspective», *Procesos de Mercado: Revista Europea de Economía Política* 4, n.º 2 [2007]: pp. 57–93, «Monetary Policy as Bad Medicine») analiza el comportamiento de rebaño que resulta de este proceso. A medida que el generador de grandes beneficios se desplaza por la economía a lo largo del tiempo, los empresarios persiguen estas oportunidades de desequilibrio. Dado que los beneficios de la especulación financiera

una pérdida de recursos no solo para la economía real, sino también para la antes próspera industria bancaria.

Estudiaremos también la manera en que estas tres distorsiones del gasto y la inversión se desarrollaron en el caso específico de Islandia.

En el caso islandés, las malas inversiones se produjeron por la expansión crediticia interna, así como por los inversores, que produjeron un descalce monetario a través del uso de fondos extranjeros para invertir en Islandia. Pero las malas inversiones también ocurrieron en el extranjero a medida que los bancos islandeses prestaban y tomaban prestado en moneda extranjera, así permitiendo que empresas islandesas compraran empresas extranjeras y participaran en el *boom* internacional inducido por el crédito.

Las inversiones nacionales financiadas a través de descalces de plazos y descalces monetarios fueron destinadas principalmente a la industria de fundición de aluminio y al sector inmobiliario. Tanto las fundiciones de aluminio como las construcciones residenciales y comerciales son proyectos de inversión a largo plazo, pero fueron financiados con fondos a corto plazo, y no por ahorros de un plazo similar.

Durante la fundición, el aluminio es extraído de la alúmina, que a su vez es producida a partir de rocas de bauxita. Islandia no posee ninguna mina de aluminio, pero está dotada de dos abundantes fuentes de energía barata: los ríos glaciales, que fluyen desde el interior de la isla, y la energía geotérmica. Aunque Islandia no pueda exportar energía debido a su aislamiento geográfico, sí puede utilizarla para

---

marcan la conclusión lógica de la necesaria relación de precios determinados por las «vicisitudes del mercado [subyacente]» (Mises, *Human Action*, p. 810), la especulación financiera debe ser rampante, puesto que el mantenimiento de las ganancias se basa en un sostenido volumen de transacciones. Los empresarios, al ver que estos beneficios se mantienen o refuerzan, continúan entrando en el sector financiero dado que las ganancias persisten siempre y cuando la inyección de crédito se mantenga.

procesos de producción que requieran mucha energía. Las fundiciones de aluminio son precisamente un proceso que utiliza enormes cantidades de electricidad. En este proceso de producción, el mineral de aluminio es transportado a Islandia, fundido empleando energía barata, y el metal resultante es mandado de vuelta a otros países para ser utilizado en otros procesos productivos. A finales del pasado siglo, Islandia ya representaba un 4% de la producción mundial de aluminio.

La producción de aluminio es un proceso muy capital-intesivo, y que requiere bastante tiempo, lo que Eugen von Böhm-Bawerk (1889) habría llamado un proceso «indirecto».[56] Su viabilidad depende de la existencia de abundantes ahorros y tipos de interés bajos, además de que el aluminio mantenga un precio elevado. Por todo el mundo, los bancos centrales aumentaron la masa monetaria durante el *boom* crediticio de 2001-2007, lo que causó un auge en las industrias más capital-intensivas. Así pues, la industria del aluminio, al ser este una materia prima vital para muchas industrias experimentó un auge. Como los precios del aluminio se dispararon y los tipos de interés se mantuvieron en niveles históricamente bajos, la expansión de la industria metalúrgica islandesa parecía rentable. De esta manera, Islandia se vio envuelta en la burbuja financiera internacional.

En 2003, el parlamento islandés, el Alþingi, aprobó planes para construir un enorme complejo hidroeléctrico, la *Kárahnjúkavirkjun* (Central Hidroeléctica de Kárahnjúkar). Situada en la región oriental de la isla, esta central requeriría del presado de dos ríos glaciares, el *Jökulsá á Dal* y el *Jökulsá í*

---

[5] Eugen von Böhm-Bawerk, *Capital and Interest*, vol. 2, Positive Theory of Capital (South Holland, Ill.: Libertarian Press, [1889] 1959).

[6] En inglés, «*roundabout*». Este término podría traducirse por algo así como «alto nivel de producción indirecta», queriendo decir que el proceso necesita de extensas etapas de producción de bienes de capital antes de llegar a la producción del bien de consumo final en cuestión, en este caso, el aluminio. [N. del T.]

Fljótsdal; que una vez completada, se consolidaría como una de las centrales hidroeléctricas más prominentes de Europa. La compañía italiana *Impregilo* se encargaría de taladrar la red túneles que permitirían canalizar el agua, generando una caída que impulsaría las turbinas para producir electricidad. La presa principal del proyecto, la *Kárahnjúkastífla*, se erigiría en el río *Jökulsá á Dal*, y sería la más grande de su tipo en toda Europa, dando lugar a la Reserva Hálslón, que tendría una superficie de 57 km². Esta central sería operada por la compañía nacional de energía de Islandia, *Landsvirkjun*, y se encargaría de proveer electricidad a una nueva fundidora, propiedad de la productora de aluminio estadounidense Alcoa. La central sería pública, por lo que implicaría una mala inversión financiada directamente por el gobierno. Las dimensiones de este proyecto eran descomunales. Los costes ascenderían a aproximadamente 133 mil millones de coronas, lo que se traduciría en unos 2 mil millones de dólares de la época. Esto habría representado algo más del 17.5% del PIB del país.[7] Fue una inversión enorme, que aumentó la deuda externa y el déficit comercial, ya que los bienes de capital necesarios para llevar el proyecto a cabo tuvieron que ser importados.

La otra principal mala inversión doméstica se dio en el sector inmobiliario. Las casas son un bien muy capital-intensivo con un largo período de vida útil. Pueden pasar décadas o incluso siglos antes de que una casa concluya por completo su ciclo de vida. Debido a la extensión de los procesos de producción y de uso, el sector inmobiliario es especialmente susceptible a los cambios en los tipos de interés. Los tipos de interés bajos multiplican el valor capital de las casas, incentivando su construcción o compra. En Islandia, los tipos de interés eran bajos no solo por la expansión crediticia sino

[7] Skarphéðinsson, Össur. 2008. «Informe 751: Ministro de Industria sobre el costo de Kárahnjúkavirkjun, según solicitud.» Documento Parlamentario 751, caso 114. Presentado ante el Alþingi en la 135ª sesión legislativa 2007–2008.

también por el descalce monetario, pues las viviendas fueron financiadas con hipotecas denominadas en yenes o francos suizos a tipos más bajos. El *boom* inmobiliario impulsado por descalces monetarios es otra vía por la que la expansión crediticia internacional afectó y se filtró por la economía islandesa.

La existencia de una institución estatal concreta podría explicar por qué se generó una burbuja inmobiliaria en Islandia, o, al menos, por qué el problema llegó a ser tan grave. En 1999, el gobierno islandés creó el Fondo de Préstamos para la Vivienda (*Íbúðalánasjóður* en islandés) para financiar hipotecas a tipos de interés bajos. Este organismo es el equivalente de las americanas Freddie Mac y Fannie Mae, diferenciándose estos en que no trataban directamente con los clientes. El gobierno estadounidense solo garantiza implícitamente la deuda de Freddie Mac y Fannie Mae (que, por cierto, fueron también protagonistas de la burbuja inmobiliaria americana), pero el gobierno islandés fue mucho más allá: institucionalizó el riesgo moral en las operaciones del FPV; garantizó explícitamente su deuda.[8]

En muchos países, los programas estatales de ayuda a la vivienda como el FPV están dirigidos exclusivamente hacia aquellas personas consideradas como «las más necesitadas».

---

[8] En el caso español, las cajas de ahorro ocuparon una posición similar. Las cajas fueron entidades financieras con una finalidad social, es decir, sin ánimo de lucro. Para este fin, durante los primeros años de la democracia fueron esencialmente nacionalizadas, estableciendo a nivel nacional el control directo de los políticos sobre al menos un 40% de los miembros directivos (que, en realidad, llegó hasta un 70% a nivel regional, a la vez que se aseguraron de que los miembros restantes no supusieran un estorbo de distintas formas). Si bien la gran mayoría de inversiones de las cajas fueron en el mercado inmobiliario, al contrario que Freddie Mac, Fannie Mae y el FPV, estas no estaban limitadas a este sector, y, por ejemplo, financiaban obras y gasto público. Otra importante diferencia es que las cajas no eran solo una entidad nacional, sino muchas controladas por múltiples gobiernos autonómicos distintos. Las cajas no tenían garantías explícitas, pero, como el FPV, sí trataban directamente con los clientes. [N. del T.]

La sociedad islandesa, sin embargo, se enorgullece de tratar a todos por igual. (La igualdad es un valor tan arraigado en la vida islandesa que no se distingue entre islandeses y extranjeros en los controles de pasaportes al entrar al país). A todos los ciudadanos se les dio un igual acceso a las hipotecas a tipo bajo proporcionadas por el FPV. Como consecuencia, hubo un aumento en la demanda de viviendas de todo tipo (no solo entre las personas de bajos ingresos, como ocurre en otros países). A mediados de 2004 casi el 90% de las familias islandesas había obtenido un préstamo del FPV, y más de la mitad del mercado de bonos islandés estaba compuesto por bonos emitidos por el FPV.

Hunt, Tchaidze y Westin[9] ya sonaron la alarma pronto sobre los desequilibrios y peligros que podía crear el FPV. Un ampliado acceso a los mercados de capitales internacionales hizo que, por vez primera, los tres grandes bancos entraran en el mercado primario de hipotecas. El FPV había robustecido considerablemente la eficiencia del mercado hipotecario para finales de 2004, así causando un brusco aumento en el número de préstamos hipotecarios a la vez que un desplome en los tipos de interés de los mismos. El número de préstamos hipotecarios aumentó en un 63% en 2004, con la mayor parte de este incremento habiéndose producido en la segunda mitad del año. Los tipos de interés de las hipotecas cayeron un 5.10% en términos nominales, un 4.15% si se toma en cuenta la inflación.[10] Si este aumento de la eficiencia hubieran sido producto de una competencia libre restringida por la posibilidad de sufrir pérdidas, no habría ninguna razón para alarmarse. En cambio, el fondo garantizado por el estado fue capaz de reducir unilateralmente los tipos de las hipotecas, tentando a los incautos compradores a que se

---

[9] Hunt, Tchaidze, y Westin, «Iceland: Selected Issues», p. 31.

[10] Afortunadamente, la mayoría de las hipotecas de Islandia están indexadas a la inflación, lo que hace que los tipos ajustados a la inflación suban cuando la expansión crediticia hace subir los precios.

sobreendeudaran cada vez más, inconscientes de la insoste-
nibilidad de la situación.

En comparación con otros países, el gobierno islandés se
involucró bastante en el mercado hipotecario. La mayoría
de países de Europa occidental que alentaron la creación de
préstamos e hipotecas garantizadas por el estado, lo hicieron
a través del sector bancario. Pocos países exhibieron un apoyo público generalizado a un sistema hipotecario controlado
por el gobierno, como el que fue implementado en Islandia.[11]

En ocasiones, el FPV traspasó sus ya indulgentes límites
de operación. Por ejemplo, en 2005 el fondo concentró su liquidez excedente en el sector bancario, haciendo disponibles
aproximadamente 8 mil millones de coronas (alrededor de
mil millones de euros). Esta actividad excedía su mandato
original.[12]

Estas distorsiones habían sido señaladas desde hacía ya
tiempo, en particular por el FMI durante los primeros cinco
años de la década de los 2000, que fueron marcados por la
dominancia del FPV sobre el mercado hipotecario.[13] Para
agosto de 2006, reiteradas peticiones de reforma del FPV habían fracasado, y la deuda garantizada por el estado, siendo
artificialmente barata, ya había causado perceptibles distorsiones en el mercado hipotecario.[14] Un informe de 2005 del
FMI recomendó modificar la jurisdicción de las operaciones
del FPV:[15] este debería asumir un rol más similar al de los
gigantes estadounidenses Fannie Mae y Freddie Mac, con
operaciones restringidas al mercado secundario de hipo-

---

[11] Hunt, Tchaidze y Westin («Iceland: Selected Issues») proporcionan una comparación de los sistemas públicos de apoyo hipotecario de Islandia, Finlandia, Suecia, Dinamarca, Alemania y Francia.

[12] Íslandsbanki, ÍSB Weekly (July 26, 2005).

[13] Véase, por ejemplo. International Monetary Fund, «Iceland—2005 Article IV Consultation Concluding Statement» (Junio
13, 2005) y Tchaidze, Annett y Ong, «Iceland: Selected Issues», p. 32.

[14] Honjo y Mitra, «Iceland: Selected Issues.»

[15] Hunt, Tchaidze, y Westin, «Iceland: Selected Issues», p. 42.

tecas. La titulización de las hipotecas y su posterior venta a inversores como «mortgage-backed securities» (bonos de titulización hipotecaria), se creía, establecería la base de un mercado hipotecario más estable.

El FPV tenía una gran presencia en el mercado hipotecario, pero los bancos estaban rebosando efectivo y en busca una forma de emplearlo, por lo que decidieron ingresar también en el mercado. En un principio ofertaban hipotecas a un tipo de interés real fijo de 4.3%, por debajo del tipo del 4.8% que ofrecía el FPV. Los bancos fijaron los vencimientos entre 25 y 40 años. Finalmente, eliminaron el límite de préstamos en coronas y permitieron una relación préstamo a valor máxima (de ahora en adelante, LTV, por sus siglas en inglés) de un 80%. Estos factores mejoraron las ofertas del FPV en ambos aspectos: la agencia estatal tuvo un límite de préstamos máximo de 9.7 millones de coronas, y sus reglas permitieron unas LTVs de entre 65 y 70%.

Las hipotecas ofertadas a través de los bancos no se limitaron a préstamos a la construcción o a la vivienda. En contraste con el FPV, el sistema bancario ofertaba préstamos para las retiradas de capital o la refinanciación de hipotecas anteriores. En un intento de competir contra su homólogo público, los bancos nacionales crearon opciones previamente desconocidas por los prestatarios islandeses. De esta forma, aumentaron la cantidad de crédito al consumo por encima de cualquier nivel anteriormente concebible.

A mediados de 2004, el FPV ya había bajado sus tipos para mantenerse competitivo. Ambas partes ofrecían ya hipotecas al 4.15%. Los bancos, en un intento de mantener su competitividad tanto frente al FPV como entre ellos, aumentaron sus límites de préstamos al ofrecer hipotecas al 100%. Financiar toda una casa solo con dinero prestado era ahora una posibilidad.

Los bancos pronto se dieron cuenta de que se encontraban en una posición de desventaja frente al FPV en lo que respectaba al poder crediticio bruto. El FPV era capaz de igualar cualquier cambio que los bancos realizaran, sin importar que fueran en los LTV, en los límites máximos de préstamos, o en cualquier otra opción similar. Los nuevos bancos privados del país, encabezados por los grandes tres, se encontraron en una situación en la que les era imposible competir con el sistema estatal únicamente en base a tipos de interés bajos. Así, se vieron obligados a reducir constantemente la calidad de los respaldos aceptados en sus hipotecas, un hecho que se tradujo en una infravaloración generalizada del riesgo. A medida que la igualación de tipos de interés eliminaba la competencia de precios, se fueron buscando vías alternativas. Los bancos estaban compitiendo enérgicamente contra una entidad apoyada por el estado que acaparaba casi la mitad del mercado hipotecario.

Normalmente, los bancos facilitan hipotecas solo a las personas más solventes, aquellos con trabajos asegurados u holgados ahorros, por ejemplo. A medida que los bancos buscaban otras vías para competir en el mercado hipotecario, empezaron a aceptar prestatarios de menor credibilidad. Como no podían vender hipotecas a tipos de interés más altos por miedo a que los prestatarios buscaran mejores condiciones en otros lugares, un creciente número de hipotecas eran extendidas a personas que, previamente, y en condiciones normales, hubieran sido consideradas insolventes. El ímpetu por mantener la competitividad resultó en una subestimación generalizada del riesgo.[16]

El riesgo a corto plazo de descalzar con fuerza las duraciones de los préstamos y deudas pronto fue eclipsado por el riesgo a largo plazo de las hipotecas con respaldos deficientes. En 2006, más del 16% de nuevas hipotecas tenían LTVs superiores al 90%.[17] Al extender hipotecas a más largo plazo (en ocasiones hasta los cuarenta años) en su búsqueda por competir con el FPV, los bancos se habían expuesto a un mayor riesgo de tipo de interés. Para finales de 2006, un

---

[16] Tchaidze, Annett, y Ong, «Iceland: Selected Issues», p. 24
[17] Honjo y Mitra, «Iceland: Selected Issues.»

aumento del 2% en los tipos de interés del mercado hubiera causado 465 millones de dólares en pérdidas solo al sector bancario.[18]

Así pues, los bancos se vieron incapaces de competir con el FPV en lo que respecta a tipos de hipotecas y respaldos. Las tasas de rendimiento ajustadas al riesgo estaban padeciendo los efectos combinados de la relajación de los requisitos para respaldos, la reducción de tipos y unos menores anticipos. Los bancos empezaron a agrupar otros servicios, como los seguros, junto con sus hipotecas, con el fin de devengar beneficios secundarios de ellos. Tchaidze, Annett y Ong apuntaron que «En el largo plazo, estas estrategias son probablemente insostenibles y podrían ser capaces de dañar la solvencia de un banco.»[19]

El hándicap que los bancos compartían en tipos de interés con respecto al FPV fue eliminado en el verano de 2004, cuando el Kaupþing comenzó a ofrecer los mismos tipos que el propio FPV.[20] El FPV respondió bajando sus tipos aún más y prestando a LTVs aún mayores. A esto le siguieron continuas ofertas en busca de mayores cuotas del mercado hipotecario, con los bancos en clara desventaja frente al FPV, al no contar estos con garantía estatal explícita.[21]

Según se disparaba la oferta de hipotecas, la demanda de vivienda islandesa hizo lo propio, desbocándose. El resultado

---

[18] Tchaidze, Annett, y Ong, «Iceland: Selected Issues», pp. 24–5.

[19] «Over the longer-term, such strategies are likely to be unsustainable and could potentially weaken bank soundness.» Ibid., p. 25.

[20] Thovarldsson, *Frozen Assets*, p. 150.

[21] Es cierto que los bancos islandeses se beneficiaron de la garantía BCI en su liquidez. La principal diferencia institucional es que los bancos tenían accionistas privados y se vieron limitados, en última instancia, por la posibilidad de pérdidas por préstamos. Los accionistas privados no favorecen la reducción continua en el diferencial de tipo de interés, ya que sus ganancias se redujeron conmensurablemente. En contraposición, el FPV no se vio limitado por el afán de lucro, por tanto, continuó reduciendo las tasas de las hipotecas, independientemente de su margen de beneficio, al ser una entidad pública, el FPV no se preocupó tanto por los beneficios.

inmediato de esto fue un crecimiento constante en los precios de la vivienda, algo que ya había comenzado a finales de la década de los 90, pero que a mediados de 2004 se aceleró notablemente. Cada año entre 2003 y 2006 vio una apreciación mayor al 10% anual. En los ocho años entre 2000 y 2008, los precios de la vivienda aumentaron en casi un 300% (véanse las ilustraciones 8 y 9).[22]

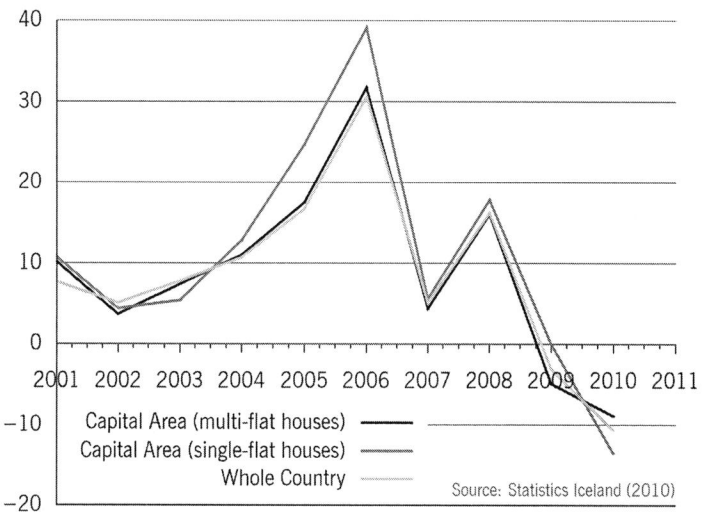

Ilustración 8: Precios de vivienda (2000=100).
Fuente: *Statistics Iceland* (2010).

---

[22] Trabajando para el Banco Central de Islandia, Lúdvík Elíasson y Pétursson («The Residential Housing Market in Iceland: Analysing the Effects of the Recent Mortgage Market Restructuring», Central Bank of Iceland Working Paper n.º 29 [2006]) derivaron un modelo que muestra que los cambios estructurales en el mercado de viviendas de Islandia (es decir, una disminución sustancial en las tasas reales de hipoteca a largo plazo) que condujeron a un fuerte incremento en la demanda de viviendas. Este cambio estructural en el mercado hipotecario también condujo a una reducción permanente de las tasas reales de interés hipotecario, y ha contribuido a una juerga de gasto interno, así como el recalentamiento de la economía. La declinación en las tasas hipotecarias tuvo efectos secundarios en la economía, a medida que los fondos fueron liberados para otros usos.

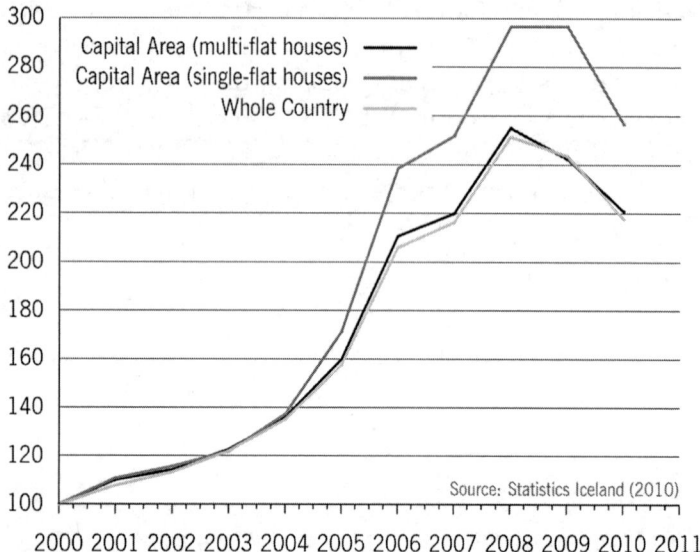

Ilustración 9: Promedio anual de apreciación de la vivienda
(en porcentaje).
Fuente: *Statistics Iceland* (2010).

El BCI intentó detener el *boom* subiendo tipos de interés
de los 10.5% de finales de 2006 a los 14% de un año después,
pero esta fuerte subida sirvió de poco. Esta reacción del BCI
apenas se vio reflejada en los tipos que los consumidores
debían pagar al comprar inmuebles, pues estos se financiaban
normalmente con hipotecas indexadas a la tasa de inflación; o
automóviles, que generalmente se financiaban con préstamos
del extranjero. Es más, el BCI incentivó el carry trade dado
que los tipos de interés altos cautivando a los inversores extranjeros, que se lanzaron a comprar coronas. Esto fortaleció
el tipo de cambio, reduciendo así los costes financieros reales
de aquellos que se habían endeudado en moneda extranjera.
También redujo los precios de las importaciones, estimulando
una expansión basada en el sobreconsumo. Esto dio lugar a
una situación ciertamente inestable.

El Banco Central de Islandia y el gobierno islandés no se conformaron con haber actuado demasiado poco y demasiado tarde para poder frenar el auge que ellos mismos habían causado, sino que una vez llegó la inevitable depresión, no hicieron más que exacerbarla. El FPV hizo varios cambios a sus prácticas prestatarias a lo largo de 2008, justo cuando el *boom* comenzaba a colapsar en una severa crisis. Aumentó las ratios LTVs más de un 10% e incrementó el valor máximo de las hipotecas de dieciocho a veinte millones de coronas.[23] Estos cambios tendieron a impedir que los tipos de interés cayeran a los niveles necesarios para acortar el auge. Nunca se vieron los requisitos de garantías como problemáticos, ni siquiera en vísperas de la recesión. Jaime Caruana y Ajai Chopra, en una evaluación de estabilidad del FMI, señalaron que el impago de préstamos solo había aumentado ligeramente entre 2006 y 2007. Concluyeron que, de entre las instituciones financieras más grandes, el noventa por ciento tenía carteras de préstamos de «buena calidad».[24] Como no se tenía ninguna sensación del riesgo bajo el que estaban las hipotecas, los bancos islandeses continuaron encontrando inversores y vías por las que invertir.

Incentivados por el creciente diferencial entre los tipos de interés de bonos islandeses y los todavía bajos tipos de bonos extranjeros, los inversores extranjeros empezaron a emitir lo que posteriormente se conocería como «*glacier bonds*», o en español, «bonos glaciales». Denominados en coronas, estos bonos permitían invertir en el país, marcado por su alto rendimiento. El primero de estos bonos, emitido en agosto de 2005, fue preconizado internacionalmente debido a dos factores: su alto rendimiento comparado con las bajas tasas

---

[23] International Monetary Fund, «Iceland: Article IV Consultation—Staff Report; Staff Supplement; Public Information Notice on the Executive Board discussion; and Statement by the Executive Director for Iceland», IMF Country Report n.º 08/368 (2008), pp. 15–16.

[24] Jaime Caruana y Ajai Chopra, «Iceland: Financial System Stability Assessment», p. 16.

extranjeras y la percepción de que la corona islandesa se había estabilizado y mantendría su alta valoración. La emisión de estos bonos alcanzó su punto álgido en la primavera de 2007, cuando se encontraban pendientes una cantidad de ellos valorada en 6.3 mil millones de dólares– lo que equivalía a casi 37% del PIB de la isla. Estos bonos glaciales eran una fuente extra de liquidez que surgió cerca del fin del *boom* islandés. Llegaron justo cuando lo que Islandia necesitaba era frenar sus excesos. El riesgo de liquidez que estos bonos suponían era importante, pues el carry trade que causaron llevó a la mayoría de las grandes instituciones financieras a aumentar sus niveles de deuda.[25] Según aumentaban los tipos de interés cantidades ingentes de liquidez entraban al país. Los inversores islandeses inyectaron aún más liquidez en las muchas inversiones erróneas, agravando así la situación en todas ellas, e incluso creando algunas nuevas.

Una vez que la confianza en la corona empezó a tambalear, la cantidad de inversiones adicionales financiadas a través de los bonos glaciales comenzó a disminuir. Así, Islandia perdía una importante fuente de financiación a corto plazo en el momento exacto en que la oferta mundial de liquidez de este tipo entraba en declive.

Si bien podemos explicar gran parte del auge y posterior recesión de Islandia por las erróneas inversiones de capital a lo largo de la estructura productiva, no es menos cierto que también hubo un traspaso coincidente de recursos del sector real al sector financiero. Como las inyecciones de crédito se hicieron a través de préstamos extendidos por el sector bancario del país, los beneficios relativos aumentaron entre estos prestamistas en detrimento de los viejos sectores productivos de la economía real. Como consecuencia, hubo un movimiento de recursos hacia los bancos, al igual que hacia otras entidades financieras.

---

[25] Tchaidze, Annett, y Ong, «Iceland: Selected Issues», p. 32.

El alcance de estas distorsiones se suele pasar por alto. A medida que los bancos expandían su capacidad y ámbito de operaciones, su uso propio de recursos físicos aumentaba: se reformaban edificios, se desarrollaban nuevos departamentos, y nuevos empleados eran contratados. Lo que se pasa por alto son los cambios en la educación de los individuos, preparándolos para una vida en el sector bancario o financiero; las universidades modificaron sus grados según la demanda de ciertos cursos superaba la de otros, que previamente habían sido más populares.

Todo el mundo estaba aprendiendo Black-Scholes» (el modelo de valoración de opciones), dice Ragnar Arnason, profesor de economía pesquera en la Universidad de Islandia, que vio cómo los estudiantes huían de la economía pesquera hacia la economía financiera. «Las escuelas de matemáticas e ingeniería ofrecían ahora cursos de ingeniería financiera. Teníamos a cientos y cientos de personas estudiando finanzas.[26]

El sistema financiero atraía el talento del país. Los bancos ofrecían altos salarios a los mejores estudiantes de cualquier rama incluso antes de haber terminado la carrera. no mucho, en 2006, un salario de entrada de £100 000 para los nuevos graduados no sorprendía. «Una historia apócrifa decía que el aparcamiento de la universidad estaba tan lleno de coches de estudiantes que los profesores se las veían para aparcar sus bicicletas»[27]

---

[26] «"Everyone was learning Black-Scholes» (the option-pricing model), says Ragnar Arnason, a professor of fishing economics at the University of Iceland, who watched students flee the economics of fishing for the economics of money. «The schools of engineering and math were offering courses on financial engineering. We had hundreds and hundreds of people studying finance."» Michael Lewis, «Wall Street on the Tundra: The Implosion of Iceland's Economy», reimpreso in *The Great Hangover: 21 Tales of the New Recession*, ed. Graydon Carter, pp. 203–228 (New York: Harper Perennial, [2009] 2010).

[27] «An apocryphal story went that the car park at the university was so full of student cars that the professors had difficulties find-

La demanda de financieros y banqueros eclipsó las disciplinas tradicionales que habían sido los pilares de la economía y sistema educativo de Islandia. Como existía un incentivo para trabajar en el cada vez más atractivo sistema financiero, la mano de obra en la economía real escaseaba. Aunque quizás fue más importante la desaparición del talento empresarial en el sector productivo, que avanzó a medida que los más ambiciosos partían rumbo al sector financiero en busca de nuevos horizontes. La productividad se redujo y la economía islandesa se hizo más dependiente de productos importados. Islandia se convirtió en un exportador de servicios financieros e importador de bienes. Tomaban prestado dinero extranjero y lo usaban para comprar bienes de fuera, sin siquiera mejorar su productividad con vistas a pagar su deuda en el futuro; una situación insostenible que no hacía más que empeorar. Como Islandia comenzó a importar más productos y, a la vez, producía menos bienes «reales» y servicios, un importante déficit comercial se generó, alcanzando el 30% del PIB en 2006 (véase la ilustración 10).

Esta alterada estructura productiva amenazaba con causar hambrunas entre la población durante el colapso monetario del otoño de 2008, cuando Islandia tuvo problemas para obtener moneda extranjera con la que pagar las importaciones de las que el país dependía tanto. Islandia se había vuelto dependiente de las importaciones no solo porque la economía había perdido parte de su capacidad productiva, sino también porque una moneda sólida las hacía relativamente más

---

ing places to park their bicycles.» Thorvaldsson, *Frozen Assets*, p. 147. Jörg Guido Hülsmann (*The Ethics of Money Production* [Auburn, Ala.: Ludwig von Mises Institute, 2008], pp. 186–87) explica cómo un auge inflacionario tienta personas para lograr las metas monetarias en la vida antes que los que de otro modo tendrían prioridad. Los estudiantes que buscan una mayor satisfacción a través de la educación se involucraron antes en un sector financiero con salarios cada vez más atractivos como resultado de las políticas inflacionarias, lo que les llevó a postergar inmediatamente sus estudios con objetivos monetarios.

atractivas. En las épocas de bonanza, los islandeses gozaban de una cantidad de bienes casi ilimitada a precios asequibles. Asequibles, esto es, para aquellos afortunados que ganaban coronas. Para los extranjeros, la firmeza de la corona hacía de Islandia un destino poco atractivo para viajar, pues hasta los artículos más prosaicos costaba varias veces más que incluso en las capitales europeas más caras. Cuando la corona se debilitó, en cambio, la dependencia de los productos importados se convirtió en una plaga. Los precios de los alimentos básicos se dispararon, haciendo que los acaudalados islandeses se dieran de bruces con la realidad de cuán endeble, e incluso insostenible, la situación previa había sido.

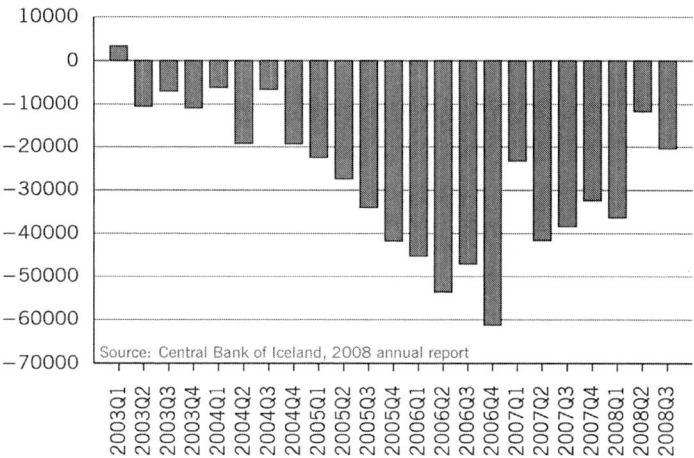

Ilustración 10: Balanza comercial (millones de coronas). Fuente: Banco Central de Islandia, Informe Anual de 2008.

Los bancos y sociedades de inversión islandeses también cometieron malas inversiones fuera de la isla. Usaron la extensa liquidez extranjera a corto plazo para invertir en otros países, especialmente en Gran Bretaña y Europa continental. Puesto que podían ofrecer precios generosos, no tuvieron problemas a la hora de dar con propietarios dispuestos a venderles sus bancos, tiendas al por menor, supermercados, joyerías, zapaterías y jugueterías. Invirtieron en los mercados de activos tomando posiciones en empresas no listadas, adquiriendo los minoristas británicos Debenhams, Woolworths y Hamleys, total o parcialmente, al igual que las empresas danesas Magasin du Nord y Royal Unibrew. FL Group, una compañía internacional de inversión con sede en Reikiavik, compró el 16.2% de EasyJet para añadir a un portfolio que ya contaba con Icelandair. El Baugur Group, propiedad del empresario Jon Asgeir, con la ayuda de Kaupþing compró la cadena de ropa de moda Oasis. En palabras de Thorvaldsson[28]: «Baugur también estaba absorbiendo negocios como si una prohibición global de las adquisiciones estuviera al caer». En noviembre de 2006, otro empresario islandés, Bjogolfur Gudmundsson, compró el equipo de fútbol inglés West Ham United.

Este interés por capital social extranjero no solo condujo a los islandeses a comprar valores extranjeros listados, sino que también disparó los precios de la renta variable doméstica. Mientras que los islandeses disfrutaban de su «borrachera» de crédito barato en moneda extranjera, dirigieron solo una pequeña parte de sus ingresos a bonos denominados en coronas, como podemos observar en la ilustración 11. El valor del capital social islandés se disparó, aumentando en más de un 2300% entre los años 2000 y 2007. Solo en 2005 los valores casi se duplicaron.

---

[28] «Baugur was also acquiring businesses as if a worldwide ban on takeovers was looming.» Thorvaldsson, *Frozen Assets*, p. 134.

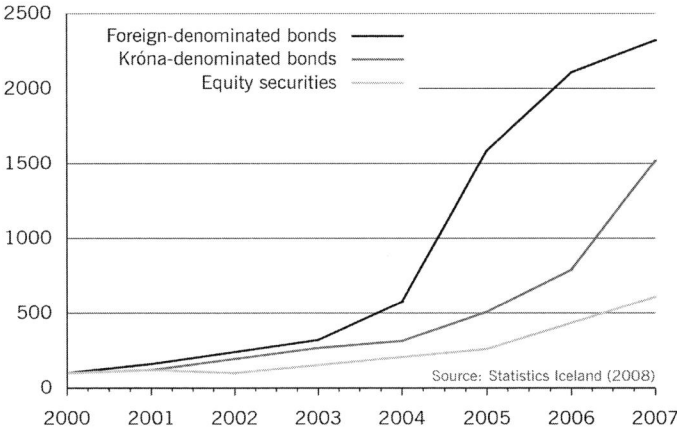

Ilustración 11: Valor de títulos pendientes (2000 = 100)
Fuente: *Statistics Iceland* (2008).

Siempre y cuando el *boom* internacional en precios de activos, alimentado por la expansión crediticia, continuara, los activos seguirían subiendo en precio, y así podrían servir como garantía para posteriores préstamos. Los islandeses estaban llenando los bolsillos usando deuda para comprar empresas extranjeras durante la burbuja financiera.

Esto les ganó el apodo de «vikingos saqueadores», que hacía referencia a cómo sus ancestros asaltaron Europa para destruirla y violarla. Del mismo modo, el periodo entre 2000 y 2008 que vio la agresiva adquisición de compañías extranjeras por parte de empresas islandesas se conoce como la «*exvasión*», o «*outvasion*» en inglés. Pero al contrario que los vikingos que invadieron gran parte de Europa durante la Edad Media, los empresarios islandeses de este siglo comprobaron que el dinero de nueva creación era mejor que la violencia explícita para amasar riqueza.

Mientras que las malas inversiones continuaban aumentando, migrando con el tiempo hacia el sector bancario, y, finalmente, hacia el sector financiero, los consumidores habían comenzado a gastar por encima de sus posibilidades.

Los tipos de interés artificialmente reducidos ya no solo incitaban a los empresarios a iniciar un mayor número de proyectos de inversión de una duración mayor. Como la recompensa por no consumir fue reducida artificialmente, los consumidores estaban ahorrando menos y consumiendo en exceso. Disparados precios de viviendas, altos salarios y bajos tipos de interés hicieron que los islandeses se sintieran ricos. Como los préstamos en moneda extranjera eran baratos, los islandeses solían usar préstamos en yenes o francos suizos para comprar coches. Como se puede observar en la ilustración 12, el número de registros de nuevos coches toco techo a mediados de los 2000. Ya que Islandia solo tiene unos 300 000 habitantes, el hecho de que casi 15 000 nuevos coches fueran registrados en 2005 nos indica que casi el 5% de los islandeses se compraron un coche nuevo ese año.[29]

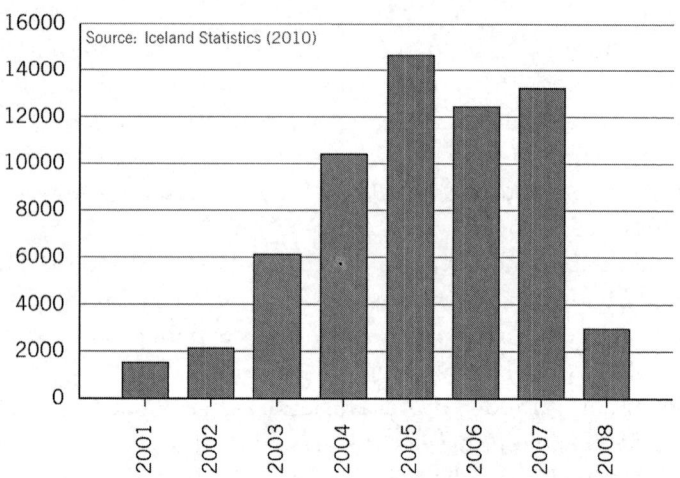

Ilustración 12: Nuevos registros de automóviles
Fuente: *Statistics Iceland* (2010).

---

[29] Proporcionalmente, el auge en la compra de automóviles en Islandia fue de alrededor de un 25 por ciento más grande que en otros países desarrollados. Alemania, por ejemplo, tuvo 3.3 millones de nuevos registros en 2005 para una población de 82 millones de personas: aproximadamente el 4 por ciento de su población total.

Islandia a menudo parecía una gran fiesta. El nivel de desempleo apenas llegaba al uno por ciento. Como las empresas empleaban toda la mano de obra a su disposición, se tuvo que importar trabajadores. Los trabajadores polacos y lituanos representaban casi el diez por ciento de la población activa a finales de 2006. Así, los empresarios no solo tuvieron un efecto directo en la escasez de recursos disponibles al emplearlos en sus proyectos de inversión, sino que además hicieron posible que los consumidores agravaran la situación al aumentar su capacidad de consumo. Al poco, muchos islandeses ya tenían dos empleos para cubrir el insaciable apetito de sus empresas por mano de obra adicional, pues los trabajadores temporales del este de Europa no eran suficientes.

La inflación causó sobreconsumo y creó nuevos hábitos. La prudencia y la moderación fueron reemplazados por una nueva miopía cortoplacista. La economía inflacionaria aumentó la tasa de preferencia temporal de la nación; ahorrar ya no era necesario pues los beneficios abundaban. Y tampoco era sensato, ya que la inflación habría devorado rápidamente la capacidad de compra de cualquier conato de ahorro. Los consumidores se apresuraron en comprar televisores de pantalla plana y coches a un tipo de interés artificialmente bajo con una robusta corona.

Los más mayores observaban decepcionados cómo sus hijos compraban jacuzzis, camas elásticas y fuentes de chocolate. La venta de champagne aumentó en un 82%. La fabricante de dispositivos audiovisuales de alta gama, Bang & Olufsen, vendía en su tienda de Reikiavik más que en ninguna otra del mundo, a excepción de la de Moscú. Y por asombroso que parezca, a lo largo de 2006 ¡se vendieron más Range Rovers en Islandia que en el resto de los países nórdicos juntos! Cuando tenía quince años, solo había podido ir de vacaciones al extranjero una vez; hoy en día, cualquier familia viaja al extranjero una o dos veces cada año... Armani estaba haciendo tal negocio en Islandia que enviaron un sastre italiano para que hiciera trajes a medida.[30]

La generación más joven abrazó la deuda, la misma deuda que generaciones pasadas tan encarecidamente buscaron evitar. La inflación consiguió que los ahorros fueran cosa del pasado y, como corolario, la deuda se convirtiera en la vía del futuro. Los islandeses se hicieron una idea de la vida que la deuda les podía facilitar, pero, sufriendo de cortoplacismo, olvidaron contemplar que tarde o temprano llegaría un momento en que habría que saldar las cuentas. «Vivían en un mundo en el que la deuda, esa misma que en su momento fue un grillete para sus abuelos, se había convertido en un juego, incluso algo seductor. Un mundo donde granjeros y pescadores comprendían los derivados financieros, y apostaban sobre sus cosechas o su pesca».[31]

---

[30] «The older generation shook their heads as their children purchased jacuzzis, trampolines, and chocolate fountains. The sale of champagne increased 82%. The luxury electronics maker Bang and Olufsen sold more in its store in Reykjavik than in any other store worldwide except for Moscow. And amazingly, more Range Rovers were sold in Iceland in 2006 than collectively in the other Nordic countries combined! By the age of fifteen, I had been on a holiday abroad just once... Now the typical family was going abroad once or even twice a year. Armani was doing such business in Iceland that they sent a tailor from Italy to make suits to measure» Thorvaldsson, *Frozen Assets*, p. 134. Como Mises describió de manera similar los subproductos del proceso inflacionista que se apoderó de Alemania más de ochenta años antes, estos efectos son «especialmente fuertes sobre la juventud. Ellos aprenden a vivir en el presente y desprecian a los que tratan de enseñarles sobre moralidad y frugalidad 'pasadas de moda'» (Ludwig von Mises, «Inflation and You», in *Economic Freedom and Intervention: An Anthology of Articles and Essays*, ed. Bettina Bien Greaves, pp. 83–87 [Indianapolis: Liberty Fund, 1942], p. 86). Los períodos inflacionarios no solo causan en la generación de más edad a sentirse incómoda sobre los hábitos de gasto de los más jóvenes, sino que la generación más joven mira la vida moderada de sus mayores con desdén.

[31] «They had entered a world in which debt— the same debt that had been a ball and chain for their grandfathers—had become a plaything, even sexy. Farmers and fishermen understood derivatives; they took bets on their harvests, their catch.» Boyes, *Meltdown Iceland*, pp. 87–88.

Arman Thorvaldsson, el ex-CEO de la filial de Kaupthing, Singer & Friedlander, relata otras historias que ilustran la decadencia causada por la inflación su efecto en los hábitos y costumbres. A Elton John le trajeron a la isla en avión para que cante en el cincuenta cumpleaños de uno de los empresarios más pudientes del país. Los nuevos ricos tenían que afrontar nuevos desafíos; el personal de servicios, como el chofer o el equipo de limpieza, tuvo que ser entrenado e instruido. Los niños se cansaban de viajar constantemente a Saint-Tropez o Dubai y empezaban a clamar por unas vacaciones en casa. En vez de beber solo gin-tonic, uno empezó a tener un problema para decidir entre los muchos vinos caros.[32] La creación de dinero parecía conseguir una creación de riqueza sin apenas esfuerzo. Con simplemente participar con algo de ingenio en la ola de liquidez global manteniéndose alta y completamente apalancados, muchos islandeses se hicieron ricos casi sin derramar una sola gota de sudor. Muchos de ellos perdieron el respeto por el trabajo duro y el dinero. La inflación hizo que sus costumbres cambiaran para peor.[33]

Tony Shearer, quien fuera CEO del banco británico Singer & Friedlander cuando Kaupþing les adquirió, se quedó estupefacto en cuanto empezó a investigar las cuentas de su nuevo empleador.[34] El gigante islandés tenía un solo miembro extranjero en el consejo. Todos los directores tenían contratos de cuatro años y se les extendieron préstamos para comprar acciones del mismo banco. Todas las acciones, que equivalían a £19 millones, también incluían opciones implícitas de reventa al banco por un beneficio garantizado.

Más inquietante aún era que casi todos los beneficios declarados por Kaupþing se habían «generado» revalorizando

---

[32] Thorvaldsson, *Frozen Assets*, p. 158.

[33] Hülsmann (*The Ethics of Money Production*, cap. 13) describe los efectos que una herencia de inflación puede tener en el comportamiento personal de los individuos.

[34] Lewis, «Wall Street on the Tundra.»

activos previamente adquiridos a precios ya inflados. Los verdaderos beneficios percibidos por las actividades a las que se suele referir cuando se habla de un banco eran menos del 10%, según estimó Shearer.[35]

Hülsmann describe el cambio en los procesos de financiación empresarial inherente bajo condiciones inflacionarias.[36] Como los deudores ganan a expensas de los acreedores, la financiación de cualquier proyecto se basa cada vez más en la toma de préstamos a través del sistema bancario o los mercados de bonos en detrimento de los mercados de valores tradicionales. El entorno altamente inflacionario de Islandia movió a la economía a una posición de elevado endeudamiento. Las compañías islandesas sostenían un coeficiente de endeudamiento unas 3.6 veces mayor que el de sus homólogos en otros países escandinavos.[37] El hecho de que el mercado de valores de Reikiavik fuera pequeño y estuviera poco desarrollado también contribuyó a que los fondos de capitales se volvieran menos atractivos que la financiación en base a deuda.

La borrachera islandesa también se hizo aparente por el apogeo del mercado de valores. La expansión crediticia y el optimismo empujaron a la bolsa a alturas cada vez mayores (véase la ilustración 13). Con empresas enormemente apalancadas, incrementos pequeños en la productividad resultaban en colosales beneficios. En los tres años entre 2003 y 2006, el mercado de valores creó una riqueza que, sobre el papel, superaba el PIB total del país. La bolsa islandesa se convirtió en la sede de la segunda compañía de prótesis más grande del mundo (Ossur), de la cuarta farmacéutica más grande del mundo (Actavis), de la productora de alimentación fresca mayor del Reino Unido (Bakkavor), y de la mayor productora de foie gras y salmón ahumado de Francia (Alfresca).[38] Esta

---

[35] Citado de Lewis, «Wall Street on the Tundra.» 3
[36] Hülsmann, *The Ethics of Money Production*, pp. 179–82.
[37] Hunt, Tchaidze y Westin, «Iceland: Selected Issues», p.48.
[38] Thorvaldsson, *Frozen Assets*, p. 148.

nueva riqueza generada por los altos precios de la vivienda y las acciones estimularon un sobreconsumo, un optimismo desmedido y un ambiente de fiesta generalizado en el país.

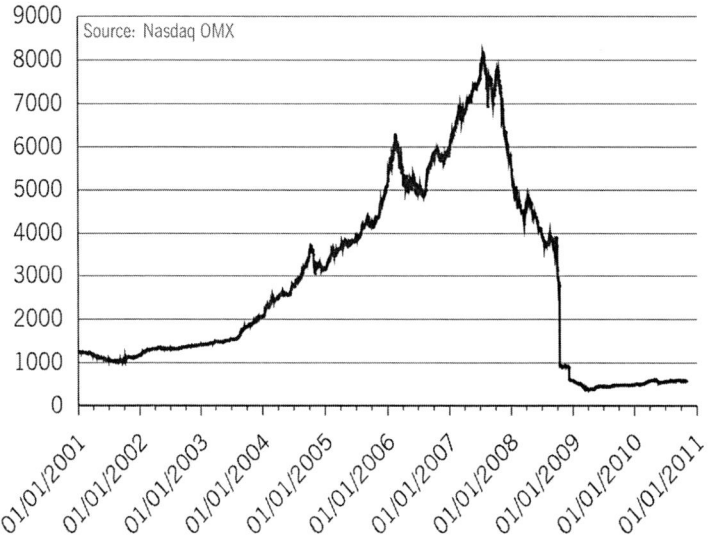

Ilustración 13: Bolsa de Valores de Islandia (OMX All Share Index, 1 de enero de 2000 – 1 de diciembre de 2010, en coronas) Fuente: Nasdaq OMX.

Un importante auge se había generado, mucho de ello en moneda extranjera a tipos de interés muy atractivos. El endeudamiento a corto plazo y el préstamo a largo plazo, combinados con un descalce monetario, habían preparado una tormenta perfecta. Islandia se convirtió en una especie de fondo de cobertura. Sus ciudadanos, empresas y bancos se habían endeudado en moneda extranjera. Habían invertido a largo plazo en activos denominados tanto en coronas como en otras divisas. Con más y más pasivos a corto plazo en moneda extranjera, una situación precaria era inminente.

VI
EL DESENCADENAMIENTO DEL COLAPSO

Los bancos islandeses no tuvieron dificultades mientras la liquidez internacional fue abundante y pudieron renovar con facilidad sus deudas a corto plazo denominadas en moneda extranjera. A principios del 2006, sin embargo, los problemas en el mercado interbancario salieron a flote en la que sería llamada más tarde «la crisis géiser». La inflación aumentó y la corona se depreció, pues el dinero extranjero empezó a dudar sobre la sostenibilidad del *boom* islandés.

Las permutas por incumplimiento crediticio (CDS[1]) emitidas sobre bancos islandeses se dispararon. Una CDS es una forma de seguro que compran los inversores para compensar una pérdida si un determinado deudor impaga su obligación. Así, cuando un inversor posee un bono de un millón de dólares emitido por Glitnir y la prima del seguro es de 25 puntos básicos (0.25%), se puede asegurar ante un impago al pagar una tasa anual del 0.25% de un millón, es decir, 2500 $. Un aspecto curioso de los CDS es que son susceptibles de ser comprados incluso cuando no se posee deuda emitida por la compañía en cuestión, en este caso, Glitnir. Al no tener en su poder deuda de la compañía subyacente, el inversor simplemente está apostando que Glitnir no hará frente a sus obligaciones. Por medio del pago de solo 2500 $, un fondo de cobertura podía conseguir un beneficio bruto de 1 millón de dólares si Glitnir

---

[1] Estas siglas corresponden a la nomenclatura inglesa «Credit Default Swap». [N. del T.]

no pagaba sus obligaciones. Los fondos podían apostar por la caída de bancos islandeses a través de la compra de CDS, y por el mero acto de comprarlos, podían esperar socavar la confianza en los bancos, potenciando así su propia inversión. El spread del CDS sobre un bono es similar a la prima de un seguro, pues indica la confianza en ese bono. A principios de 2006 los inversores comenzaron a apostar contra los bancos islandeses debido a su alta dependencia de una financiación mayorista a corto plazo y su creciente tamaño, que los hacía demasiado grandes para ser rescatados por el gobierno islandés. A medida que los inversores extranjeros aumentaron su demanda de protección contra el impago de bancos islandeses, el precio del seguro aumentó en los mercados de CDS, esto es, los spreads de los bancos crecieron.

En un momento como este se puede generar un círculo vicioso. Spreads crecientes indican desconfianza del mercado en los bancos, lo que estimula aún más la demanda de seguros, resultando en spreads de deuda aún mayores, y así sucesivamente, hasta que la desconfianza en el banco alcanza un punto en el que este no puede seguir financiándose y quiebra. Debido a esta espiral retroalimentada de desconfianza y crecientes costes de financiación del banco, algunos reputados inversores, comentaristas y economistas (siendo Warren Buffet el más notable de ellos), han denominado a los CDS armas de destrucción masiva. En efecto, los CDS pueden ser usados para atacar y acabar con bancos por medio de un drenaje de la confianza en los mismos. Pero solo resultan efectivos si los bancos son vulnerables, es decir, si violan la regla de oro de la banca y descalzan plazos, descalzan divisas, o ambas cosas. Solo entonces se traduce la falta de confianza en problemas de financiación que amenazan la liquidez del banco y en última instancia su solvencia. Cuando un banco mantiene el equilibrio de plazos y divisas, y una reserva del 100% para cubrir sus depósitos, la falta de confianza puede llevar a una pérdida de clientes cuando algunos depositantes retiren sus depósitos. Esto, sin embargo, no hará que el banco quiebre, puesto que no resultará en una pérdida de liquidez. Solo el descalce vuelve a los bancos vulnerables a este tipo de quiebra.

En la crisis géiser, fondos de cobertura internacionales atacaron a un sistema bancario islandés apalancado y descalzado en plazos, así como a su gobierno, por medio de posiciones cortas en la divisa y en los bonos de los bancos a través de CDS. Ni siquiera los bonos estatales fueron inmunes a este ataque. Islandia se convirtió en un titular internacional. Los bancos intentaron defenderse de esta desconfianza señalando sus magníficas calificaciones emitidas por las agencias de *rating*. Sin embargo, los amplios spreads en los CDS indicaban una desconfianza generalizada en el sistema financiero islandés. Artículos de prensa sobre la tambaleante divisa y el ensanchamiento de los spreads de los CDS erosionaron aún más la confianza en los bancos, causando un aún mayor incremento de estos. La corona islandesa se debilitó, convirtiendo la situación en punto de atención de los medios de comunicación. La impresión del mercado de que los bancos islandeses no podrían refinanciarse se tornó una profecía autocumplida, pero solo porque el sistema financiero era vulnerable debido a los descalces y a la expansión crediticia. Los CDS llegarían finalmente hasta casi 1000 puntos básicos; el coste de asegurar 1000 $ de deuda era de casi 100 $.

No obstante, para Islandia no era aún demasiado tarde. Como reconoce Armann Thorvalddsson, un importante banquero islandés: «lo que nos sacó finalmente de esa situación fue el hecho de que el mundo todavía estaba inundado de liquidez. Aunque el mercado europeo de bonos ya había llegado a su límite de exposición a la banca islandesa, todavía había dinero disponible a cierto precio en otros mercados».[2]

---

[2] «What eventually got us out of the situation was the fact that the world was still drowning in liquidity. Although the European bond market had had its fill of Icelandic bank exposure, money was available from other markets at a price.» Thorvaldsson, *Frozen Assets*, pp. 172–73.

Los participantes del mercado se dieron cuenta de que los
bancos islandeses aún tenían acceso a financiación y todavía
no se volverían ilíquidos. Además, el BCI aumentó los tipos
de interés (del 9 al 12.75%) para atraer fondos extranjeros y
aumentar la confianza. La corona islandesa se estabilizó y
los spreads de los CDS disminuyeron gradualmente, aunque
nunca llegaron a los bajos niveles anteriores. Se evitó el colapso en ese momento. Gracias a la abundante liquidez en los
mercados interbancarios, se pudo continuar la fiesta. Entre
2006 y 2007, los precios de los activos se dispararon, desde las
compañías hasta el vino y las obras de arte. Todo el mundo en
Islandia parecía haberse hecho millonario. Aun así, los bancos
islandeses se tornaron más cautelosos e intentaron mejorar
su situación de liquidez. Landsbanki intentó incrementar su
acceso a los mercados de financiación mayoristas accediendo
al mercado de depósitos online mediante Icesave, un banco
virtual minorista que atrajo miles de millones de libras en su
apertura en el Reino Unido. Kaupþing siguió sus pasos con
su propia plataforma de depósitos online, Kaupthing Edge.

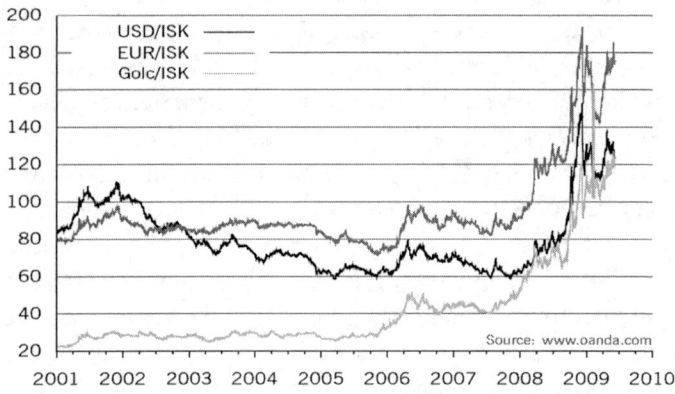

Ilustración 14: Tipo de cambio de la corona islandesa[3]

---

[3] Los precios se indican por unidad monetaria. Los precios del
oro son coronas por 1/1000 onzas.

Fuente: www.oanda.com

En agosto de 2007, cuando BNP Paribas suspendió tres fondos de inversión que habían invertido fuertemente en hipotecas *subprime*, la liquidez en los mercados interbancarios se vio de nuevo reducida a pesar de varias intervenciones de los bancos centrales. Los bancos islandeses pronto encontraron nuevos problemas para refinanciar su deuda a corto plazo. No tuvieron otra opción que pedir prestadas coronas islandesas al BCI para intercambiarlas por moneda extranjera. Como consecuencia, la corona islandesa comenzó a depreciarse, no solo ante las monedas fiduciarias más importantes del mundo, sino también ante la moneda fuerte por excelencia, el oro. El precio del oro en coronas se duplicó en 2008.

En marzo de 2008, con las tensiones relacionadas con el rescate del banco de inversión Bear Stearns, la corona islandesa perdió todavía más valor. Bancos islandeses, como el Kaupþing, intentaron encoger el tamaño de su balance para reducir su exposición en coronas. Periódicos del Reino Unido empezaron a escribir sobre los problemas de los bancos islandeses, centrando su atención en el hecho de que depositantes británicos estaban retirando ya sus fondos, induciendo también a otros a hacer lo mismo. El gobierno islandés y los bancos islandeses respondieron con una campaña de relaciones públicas para recuperar la confianza. El gobierno y el banco central trabajaron también en la venta de bonos para impulsar las reservas en moneda. En mayo, la corona estaba entrando en colapso, pero un préstamo de emergencia de 1500 millones de euros de los bancos centrales de Suecia, Noruega y Dinamarca asistió al BCI, permitiéndole doblar sus reservas extranjeras. El BCI intentó proteger su moneda subiendo los tipos de interés hasta el quince por ciento en septiembre de 2008, buscando seducir a inversores extranjeros a convertir sus monedas en corona islandesa e invertir más fuertemente en la isla. La depreciación de la corona causó problemas a clientes de los bancos en Islandia que tenían deudas denominadas en moneda extranjera. La calidad de los créditos a estos clientes se deterioró sustancialmente. Como Thorvaldsson describe la situación: «Uno de los graves errores cometidos por Kaupþing durante la crisis fue no haber reducido de forma más agresiva las posiciones en el mercado de sus mejores clientes. Cuando empezaron a deteriorarse, el banco continuó apoyándolos.»[4] Pero en este punto apenas había ya alternativa. Si uno de los mejores clientes del banco quebraba, haría quebrar al banco con él.

En septiembre de 2008, tuvo lugar una rápida sucesión de acontecimientos. Los bancos sufrieron graves pérdidas debido a malas inversiones, principalmente en el sector inmobiliario. Aunque los bancos islandeses tenían una exposición baja al mercado de hipotecas subprime norteamericano, la crisis de aquel mercado pasó factura. En muchos países la pérdida de confianza y el miedo a mayores pérdidas crediticias e insolvencias disparó una corrida en el sistema bancario. Inversores mayoristas, entre ellos bancos, grandes compañías, fondos de pensiones, compañías aseguradoras, y fondos de inversión (*hedge funds*, fondos de renta fija a corto plazo, y fondos del mercado monetario), retiraron su dinero de los bancos. La financiación a corto plazo se evaporó y los bancos fueron incapaces de refinanciar sus créditos.

El acontecimiento que contribuyó más notablemente a esta acelerada pérdida de confianza fue la solicitud del banco Lehman Brothers para acogerse al capítulo 11 de la ley de protección por bancarrota norteamericana. Este hito ocurrió el 15 de septiembre de 2008. El sistema financiero internacional nunca más sería igual.

Lehman Brothers se encontraba ampliamente expuesto tanto a hipotecas residenciales como a propiedades comercia-

---

[4] «One of the large mistakes made by Kaupþing during the crisis was not to cut down the stock market positions of its best clients more aggressively. When they began to deteriorate the bank continued to support them.» Thorvaldsson, *Frozen Assets*, p. 196.

les financiadas con deuda a corto plazo.[5] Durante el final del verano de 2008 el precio en bolsa de sus acciones se erosionó y la confianza disminuyó. Sus pérdidas amenazaban con acabar con sus fondos propios. A lo largo del fin de semana del 13 y 14 de septiembre, las autoridades norteamericanas intentaron rescatar a Lehman Brothers organizando una operación de toma de control similar a la utilizada para rescatar a Bear Stearns, en la que JP Morgan compró sus activos con el respaldo de un crédito intermediado por la Reserva Federal. Como los inversores en ese plan de rescate propuesto demandaban una garantía del Tesoro norteamericano contra pérdidas importantes, no se logró un acuerdo a tiempo, y cuando los mercados abrieron en la mañana del lunes día 15, Lehman Brothers solicitó la bancarrota.

Este acontecimiento causó pánico en el mercado global de capitales. Si Lehman Brothers había sido capaz de esconder pérdidas enormes durante tanto tiempo, ¿qué estaban escondiendo otros bancos? ¿Y quién exactamente se vería afectado por la quiebra de Lehman Brothers? Dada la interconectividad del sistema bancario, las pérdidas de Lehman causarían pérdidas a otros bancos, que podrían verse abocados también a la quiebra. Y lo que es más importante, ¿por qué se había dejado caer a Lehman? ¿Por qué se rescató a Bear Stearns y no a Lehman? Esto creó dudas acerca de la garantía implícita de un rescate. Si las autoridades americanas no habían considerado a Lehman demasiado grande para caer, entonces otros bancos se encontraban también en grave peligro. En contraposición, si Lehman hubiera sido considerado demasiado grande para ser rescatado, entonces, ¿cuántos otros bancos en posición precaria serían también demasiado grandes para ser rescatados?

---

[5] Alistar Milne, *The Fall of the House of Credit. What Went Wrong in Banking and What Can Be Done to Repair the Damage?* (Cambridge, UK: Cambridge University Press, 2009), p. 286.

El mismo día, la deuda de American Insurance Group (AIG) fue degradada en su calificación, desencadenando una dramática retirada de fondos del mercado monetario. Como resultado, un fondo mutuo de mercado monetario, Reserve Primary, tuvo que congelar los retiros para mantener su liquidez. Otros fondos «rompieron el dólar»[6]: el valor de los activos del fondo cayó por debajo del valor del dinero invertido en ellos. Esos fondos no podían ya permitir retiros a valor nominal. Los fondos del mercado monetario, una de las inversiones más seguras, considerada por muchos como el equivalente al dinero efectivo, parecían de repente no ser tan seguros.

La confianza se erosionó mientras la presión se acumulaba en todos los bancos que dependían de financiación mayorista a corto plazo. En el Reino Unido el Banco de Inglaterra rescató al Halifax Bank of Scotland. Sin embargo, la estabilidad fue breve. Una vez las autoridades reguladoras respaldaron a un banco, el siguiente banco débil pasaba a representar un nuevo peligro de desestabilización. El Royal Bank of Scotland fue el siguiente banco británico en correr peligro cuando la financiación se hizo más escasa. El gobierno británico solo pudo estabilizar el banco el 8 de octubre, cuando anunció un paquete de financiación de emergencia con el objetivo de ayudar a todos los bancos británicos.

A medida que se evaporaba la liquidez, muchos inversores y bancos tuvieron que vender sus activos a precios de liquidación para cancelar sus pasivos. Consecuentemente, los precios de los activos colapsaron, imponiendo una presión añadida sobre el capital de la banca y debilitando la confianza de los inversores.

Emergieron dudas acerca de la solidez de los bancos de inversión americanos Morgan Stanley y Goldman Sachs,

---

[6] «romper el dólar» es una traducción literal de la popular expresión anglosajona «break the buck», utilizada en el sector financiero para referirse al fenómeno en el que el valor liquidativo de un fondo monetario se reduce por debajo de 1 dólar. [N. del T.]

que se habían asegurado capital de outsiders. Esos dos bancos pudieron ser estabilizados durante un corto período de tiempo, pero la Corporación Federal de Seguro de Depósitos (FDIC) cerró otro gigante americano, Washington Mutual, el jueves día 25 de septiembre. El banco británico Bradford y Bingley fue nacionalizado en 29 de septiembre y el banco norteamericano Wachovia fue absorbido, primero por Citigroup y más tarde por Wells Fargo cuando este último hizo una mejor oferta.

También en la Europa continental el modelo de negocio del descalce de plazos (financiarse a corto y prestar a largo) resultó ser una combinación letal cuando la confianza se erosionó y el crédito a corto plazo se evaporó.

El lunes día 29 de septiembre, el banco Fortis fue ayudado por los países del Benelux (Bélgica, Países Bajos, y Luxemburgo). El banco alemán Hypo Real Estate, que era dependiente de financiación mayorista a corto plazo, fue salvado el mismo día por medio de un crédito de 35 000 millones de euros garantizado por el gobierno alemán. Poco después, el Benelux fue requerido de nuevo para aportar inyecciones de capital, esta vez a Dexia, el grupo financiero franco-belga.

La restricción de liquidez también afectó a los bancos islandeses, que dependían de financiación mayorista. Los depósitos minoristas respaldaban solo el treinta por ciento de sus balances. La financiación minorista solía mostrar un carácter menos caduco en tiempo de crisis que la financiación mayorista a corto plazo. Esta estabilidad surgía de las garantías de depósitos que disfrutaban los depositantes minoristas, y de la que carecían sus contrapartes mayoristas.[7] De hecho el banco virtual Kaupthing Edge recibió una afluencia creciente de depósitos garantizados y asegurados por el gobierno británico en cantidades de hasta 35 000 £.[8]

---

[7] Milne, *The Fall of the House of Credit*, p. 295.

[8] En un movimiento similar, flujos masivos de dinero salieron del sistema bancario del Reino Unido cuando Irlanda garantizó todos

El problema de los bancos islandeses era que no habían financiado sus activos a largo plazo con deuda a largo plazo, sino con créditos a corto plazo que requerían ser continuamente refinanciados. En septiembre de 2008 el mercado de deuda interbancario donde se aseguraba esta financiación a corto plazo se secó. Si se hubieran financiado en coronas islandesas, el BCI podría haber salvado bancos islandeses con préstamos denominados en coronas. Sin embargo, se habían financiado en gran parte con moneda extranjera. La combinación de descalce monetario y descalce de plazos supuso su final.

Los bancos islandeses no tuvieron otra alternativa que vender sus activos a largo plazo, externos y domésticos. Debido al descalce monetario, tuvieron que intercambiar los ingresos de la venta de sus activos domésticos por coronas para pagar la deuda externa a corto plazo. A medida que caía en picado el tipo de cambio de la corona, tuvieron que vender aún más activos denominados en coronas para obtener la moneda extranjera que necesitaban. Pronto se encontraron vendiendo sus activos domésticos y externos prácticamente a precios de liquidación.

Puesto que la financiación se terminó a principios de 2008, los tres grandes bancos islandeses intentaron deshacer sus posiciones, tanto en magnitud como en el grado en que estaban descalzadas. Glitnir era con diferencia el banco en peor situación a medida que el 2008 avanzaba, o al menos sus problemas de liquidez eran los más apremiantes. Con más de 360 000 millones de coronas más en deuda denominada en moneda extranjera con vencimiento en los siguientes tres meses que activos tenían para cubrirlas, Glitnir se encontraba tan solo a un plazo de vencimiento de una seria crisis de liquidez. Durante la primera mitad de 2008 el banco trabajó frenéticamente para reducir su exposición, y consiguió

sus depósitos, aun cuando cada depositante conocía abiertamente que era una economía en peor estado que la del Reino Unido y con un sistema bancario más pobre; el peligro del riesgo moral en toda regla.

reducir en más del cincuenta por ciento sus descuadradas posiciones extranjeras a corto plazo.

Al Landsbanki no le iba mucho mejor. A pesar de todos los esfuerzos para reducir su exposición externa, en junio de 2008 el banco todavía necesitaba más de 140 000 millones de coronas en fondos extranjeros durante los próximos tres meses para mantener la solvencia. El banco tenía activos abundantes tanto en coronas como en moneda extranjera, pero estaban confinados en el extremo del largo plazo en el espectro de vencimientos. Si pudiera permanecer solvente solo durante otros cinco años, más de 100 000 millones de coronas de financiación externa estarían a su disposición cuando vencieran los activos en los que había derrochado ostentosamente durante el *boom*. Pero el banco tendría suerte si sobrevivía durante otras cinco semanas, ni qué decir cinco años.

El Kaupþing sufrió sus propios problemas a través de su subsidiaria en el Reino Unido, Kaupthing Edge, un banco de depósitos online que buscaba atraer a depositantes extranjeros por medio de sus altos tipos de interés. A medida que avanzaba el 2008, el banco se llenó de efectivo. Más de 400 000 millones de coronas permanecían en sus arcas esperando un buen uso. A medida que terminaba el año y los depositantes se tornaban progresivamente más dubitativos acerca de la solvencia del banco, se intensificaban las redenciones de fondos. Los usuarios de bancos de internet pueden ser más volubles que el depositante promedio. Los clientes británicos de Kaupþing no tenían ninguna razón para hacer negocios con el banco más allá de sus atractivos tipos de interés. Tan pronto como la seguridad del banco se puso en duda, sus clientes online desaparecieron tan rápido como habían llegado, llevándose con ellos una parte importante de los depósitos del banco. Durante la primera mitad de 2008, Kaupþing sufrió una hemorragia del 46% de sus activos extranjeros.[9]

---

[9] Esto fue especialmente perjudicial ya que los bancos islandeses confiaban por costumbre en los depósitos a la vista minoristas como

	Brecha de financiación doméstica			Brecha de financiación extranjera			Brecha de financiación total		
	31 de diciembre de 2007	31 de julio de 2008	Cambio porcentual	31 de diciembre de 2007	31 de julio de 2008	Cambio porcentual	31 de diciembre de 2007	31 de julio de 2008	Cambio porcentual
Kaupþing									
A la vista	- 13 929	30 926	- 322	- 406 202	- 221 035	- 46	- 420 131	- 190 109	- 55
<3 meses	108 392	111 307	3	2458	32 615	- 26	36 752	17 823	- 32
3-12 meses	28 980	39 797	37	3775	- 71 097	-1983	32 755	- 31 300	- 196
1-5 años	101 845	101 776	0	184 887	69 007	- 63	286 732	170 783	- 40
> 5 años	- 38 123	- 52 294	37	- 578 614	- 767 719	33	- 616 737	- 820 013	13
Landsbanki									
A la vista	sin datos	sin datos	—	sin datos	sin datos	—	sin datos	sin datos	—
<3 meses	100 580	80 981	- 19	222 473	143 583	- 35	323 053	224 564	- 30
3-12 meses	- 13 847	31 535	- 328	- 61 792	62 549	- 201	- 75 639	94 084	- 224
1-5 años	- 39 696	- 10 677	- 73	- 175 844	- 99 815	- 43	- 215 540	- 110 492	- 49
> 5 años	- 59 676	- 21 421	- 64	- 221 421	- 105 558	- 52	- 281 097	- 126 979	- 55
Glitnir									
A la vista	81 925	- 40 871	- 150	359 072	152 887	- 57	440 997	112 016	- 75
<3 meses	25 147	6416	- 118	135 005	48 977	- 52	148 151	44 361	- 65
3-12 meses	- 31 551	-4863	- 121	7905	143 583	- 1 716	- 23 646	150 021	- 734
1-5 años	34 427	53 568	56	285 671	373 317	31	320 098	426 885	33
> 5 años	- 362 263	- 339 077	- 6	-673 308	-594 641	- 12	-1 035 571	- 933 718	- 10

Tabla 5: Brechas de financiación de los tres grandes bancos (millones de coronas islandesas)[10]

Fuente: Kaupþing, Glitnir, Landsbanki: Informes financieros provisionales de 2008

Los tres grandes bancos vendían activos frenéticamente para cubrir sus crecientes pasivos. Esto tuvo sus propias consecuencias, ya que los bancos estaban garantizados principalmente por participaciones de acciones cuyos valores no se mantuvieron adecuadamente. debido a que no solo una, sino las tres mayores instituciones financieras del país, estaban llevando a cabo una enorme venta a precios de liquidación.

Debido a esta venta a precios de liquidación, el mercado de valores islandés se hundió a medida que se deterioraban las valoraciones de los bancos basadas en activos en caída libre. En todo el mundo inversores descalzados en plazos se encontraban a sí mismos en posiciones similares. Según emergía la restricción de liquidez, inversores globales vendían activos y se apresuraron a adquirir monedas fuertes. Como resultado, los precios de los activos colapsaron. Los bancos islandeses sufrieron grandes pérdidas en sus activos. Fueron seccionados por una espada de doble filo: la venta de activos a largo plazo a precios de liquidación durante el pánico, y la reducción de la recaudación de la depreciada corona en fondos extranjeros. Los *haircuts*[11] para los bancos islandeses siguieron creciendo. Por la misma cantidad de colateral aportado, recibían una cantidad menguante de financiación.

---

fuente de financiación más estable que los mercados de capitales (véase, por ejemplo, el informe anual de 2008 de Landsbanki).

[10] Calculado como pasivo menos activo, a 31 de diciembre de 2007 y a 30 de junio de 2008. El desglose por divisas de la estructura temporal de los activos y pasivos de cada banco no se ha hecho público. Por lo tanto, los respectivos descalces monetarios se han calculado asumiendo que la proporción de activos y pasivos en moneda extranjera en el total del balance es constante en todos los vencimientos.

[11] Esta expresión anglosajona es utilizada en el sector financiero para referirse al porcentaje de descuento que se aplica al valor de un activo cuando se utiliza como colateral en una transacción financiera. El término castellano más apropiado sería «recorte de valoración». [N. del T.]

El 29 de septiembre, el gobierno islandés anunció que tomaría una participación del 75% del capital de Glitnir, el más débil de los tres mayores bancos islandeses, valorada en 600 millones de coronas. En contraposición al Landsbanki y el Kaupþing, el Glitnir dependía totalmente de financiación mayorista. Debido al plan de seguros gubernamental, no había sido capaz atraer una base de depósitos a la vista que fuera más estable que la financiación con deuda a corto plazo que necesitaría refinanciar continuamente para permanecer líquido. El banco se enfrentaba a un amenazante repago de deuda de 750 millones de dólares, que vencía el día 15 de octubre. El banco carecía de estos fondos, y había poca esperanza de encontrar un prestamista dada la situación crediticia predominante. El gobierno nunca llevó a cabo su plan de tomar una participación en Glitnir. Antes de que los accionistas pudieran aprobar el plan, la Autoridad Islandesas de Supervisión Financiera (*Fjármálaeftirlitið*) declaró al Glitnir en suspensión de pagos.

Esta intervención desencadenó una pérdida de confianza en el modelo bancario islandés y un pánico bancario en los otros dos grandes bancos. A lo largo del fin de semana del 4 y 5 de octubre, periódicos británicos escribieron sobre el enorme apalancamiento de los bancos islandeses y sobre la nacionalización de Glitnir. En un artículo titulado «Markets call time on Iceland» («Los mercados dan carpetazo a Islandia»), el editor de negocios de la BBC Robert Preston escribió:

> La mejor manera de ver a Islandia es como a un país que se volvió un fondo de inversión gigante... Aquí están las estadísticas letales sobre Islandia: el valor de su producto económico, su PIB, es alrededor de 20 000 millones de dólares; pero sus

---

[12] «The best way of seeing Iceland is as a country that turned itself into a giant hedge fund. . .. Here are the lethal statistics about Iceland: the value of its economic output, its GDP, is about $20bn; but its big banks have borrowed some $120bn in foreign currencies... Or to put it another way, Iceland simply doesn't have the domestic

grandes bancos han tomado prestados unos 120 000 millones en moneda extranjera... O, dicho de otra manera, Islandia
simplemente carece de los ingresos domésticos para satisfacer
tal deuda.[12]

Un artículo en The Guardian completó esta desalentadora
perspectiva. Tracey McVeigh proclamó, «The party's over
for Iceland» («Se acabó la fiesta para Islandia»), añadiendo
posteriormente,

> Islandia está al borde del colapso. La inflación y los tipos de
> interés crecen con furor. La corona, moneda de Islandia, se
> encuentra en caída libre y se sitúa justo por encima de las de
> Zimbabue y Turkmenistán. Uno de los tres bancos indepen-
> dientes del país ha sido nacionalizado, otro solicita dinero a
> sus clientes, y los desacreditados gobierno y funcionariado del
> Banco Central se han estado escondiendo acurrucados a puerta
> cerrada durante tres días sin señal aún de plan alguno. Los
> bancos internacionales no enviarán más dinero y las existencias
> de divisa extranjera se están agotando.[13]

La cobertura informativa causó un pánico bancario en el
banco Icesave, el banco minorista online del banco Landsbanki en Gran Bretaña y Países Bajos. Cuando la página web de
Icesave se congeló debido al volumen de accesos, los deposi-

---

earnings to service this kind of debt.» Robert Preston, «Markets Call
Time on Iceland», *BBC News* (4 de octubre de 2008).

[13] «Iceland is on the brink of collapse. Inflation and interest rates
are raging upwards. The króna, Iceland's currency, is in free-fall and
is rated just above those of Zimbabwe and Turkmenistan. One of
the country's three independent banks has been nationalised, another is asking customers for money, and the discredited government and officials from the central bank have been huddled behind
closed doors for three days with still no sign of a plan. International
banks won't send any more money and supplies of foreign currency
are running out.» Tracy McVeigh, «The Party's over for Iceland, the
Island That Tried to Buy the World», *The Guardian* (5 de octubre de
2008).

tantes aumentaron aún más el pánico, preocupados por si el banco había colapsado. El pánico bancario británico sobre los depósitos del banco fue especialmente perjudicial debido a que el sesenta y cinco por ciento de los depósitos a corto plazo de Lansdbanki estaban denominados en libras esterlinas.[14]

El lunes 6 de octubre, el primer ministro islandés Geir H. Haarde se dirigió a la nación en un dramático discurso en televisión nacional anunciando: «Hay un grave peligro real, conciudadanos, de que la economía islandesa, en el peor de los casos, pudiera ser aspirada junto con los bancos en un vórtice cuyo resultado final podría ser la quiebra nacional.» El final de su discurso, con un «Dios salve a Islandia», contribuyó a una atmósfera general de depresión y perdición.[15]

El pánico caló pronto en el público islandés, que hacía colas en los bancos para retirar el efectivo. Surgió la violencia en lo que era un país sereno cuando a trabajadores polacos no se les permitió el cambio de sus salarios a euros en algunos bancos. Los mercados interbancarios se cerraron completamente a los bancos islandeses el 6 de octubre. Para evitar más pánicos bancarios en Islandia, el gobierno garantizó la totalidad de los depósitos bancarios minoristas *domésticos*.

El martes 7 de octubre, la Autoridad Islandesa de Supervisión Financiera decretó al Landsbanki en estado de suspensión de pagos. El gobierno británico hizo uso de la «Banking Special Provision Act» para transferir depósitos desde Heritable Bank, la subsidiaria británica de Landsbanki,

---

[14] Li Lian Ong y Martin Cihák, ««Of Runes and Sagas: Perspectives on Liquidity Stress Testing Using an Icelandic Example», *IMF working paper* WP/10/156 (2010), p. 13. Landsbanki habría perdido casi la mitad de su financiación en libras, cuando el cuarenta y tres por ciento de sus depositantes retiraron sus depósitos durante el colapso. (Ibid., p.17)

[15] «There is a very real danger, fellow citizens, that the Icelandic economy, in the worst case, could be sucked with the banks into the whirlpool and the result could be national bankruptcy.» Geir H. Haarde, «Address to the Nation, Prime Minister's Office» (6 de octubre, 2008).

hacia un holding del Tesoro. El Banco Glitnir fue puesto bajo administración judicial ese mismo día.

Los acontecimientos de aquel día culminaron con una conversación telefónica memorable entre el ministro de Hacienda del Reino Unido, Alistair Darling, y el ministro de finanzas islandés, Árni Mathiesen. Darling intentó averiguar si el gobierno islandés garantizaría los depósitos de las subsidiarias islandesas en el Reino Unido. El Banco Central había garantizado todos los depósitos domésticos, pero no había hecho lo mismo con los extranjeros. Mathiesen no daría esa garantía, y más tarde durante esa noche Davið Oddsson, presidente del consejo de gobernadores del Banco Central de Islandia, anunció en una entrevista retransmitida que el gobierno no pagaría las deudas de bancos negligentes.

Como reacción a esto, y con objeto de defender los intereses de los depositantes británicos, Darling anunció que las autoridades británicas congelarían los activos de Landsbanki en el Reino Unido en la apertura del mercado a la mañana siguiente. La orden de bloqueo de fondos utilizó una provisión de la ley antiterrorismo, crimen, y seguridad de 2001. La venta de los activos de Landsbanki dentro del Reino Unido fue prohibida de facto. El gobierno del Reino Unido compensó a los poseedores de depósitos minoristas por un total estimado de 4000 millones de libras. Gordon Brown incluso anunció que el Reino Unido demandaría en los tribunales a Islandia si no compensaban a los 300 000 ahorradores británicos afectados, y que se congelarían más activos islandeses en el Reino Unido. Los islandeses se indignaron por el uso de una provisión de la legislación antiterrorista contra ellos, un país que durante décadas había permitido a las marinas británica y americana establecer bases en sus costas para luchar sus propias batallas. De hecho, para muchos islandeses el anuncio de que la legislación antiterrorista sería usada contra ellos «era equivalente a una declaración de guerra. De golpe Gran Bretaña había situado a Islandia al mismo nivel que Al Qaeda, incluso siendo un miembro de la OTAN, y había mutilado lo que para Reikiavik parecía ser un banco con buena salud.»[16]

Mientras tanto el conflicto entre el Reino Unido y la pequeña Islandia provocó aún más desconfianza en los bancos islandeses. Al declarar a los banqueros islandeses como el equivalente legal de terroristas, el gobierno británico había sellado el destino de las subsidiarias extranjeras de la industria bancaria islandesa. Los inversores minoristas huyeron de los bancos islandeses. Se produjo un pánico bancario en el Kaupthing Edge, el brazo bancario en internet de Singer & Friedlander, la subsidiaria de Kaupþing en el Reino Unido. El mismo día la Financial Services Authority (FSA) británica declaró bajo administración judicial a el Kaupthing Singer & Friedlander. La subsidiaria sueca de Kaupþing, Kaupthing Bank Sverige, fue rescatada el mismo día por medio de una línea de crédito de 5 000 millones de coronas suecas (530 millones de euros).

Kaupþing fue declarado bajo administración judicial el 9 de octubre. Después de que su subsidiaria británica hubiera sido declarada bajo administración judicial, el banco sufrió un bloqueo en todos los mercados crediticios y no pudo hacer frente a sus deudas. Sus subsidiarias en Luxemburgo, Ginebra, Helsinki y la Isla de Man también incumplieron sus deudas rápidamente. De facto, los mercados financieros eliminaron a los tres mayores bancos en cuestión de días. En contraste con los otros casos que hemos mencionado de bancos que entraron en problemas durante la crisis financiera mundial, como bancos alemanes, británicos, o norteamericanos, los bancos islandeses eran simplemente demasiado grandes para ser rescatados con los modestos recursos del país. Ni siquiera el Banco Central pudo sal-

---

[16] «To the Icelanders, though, it was tantamount to a declaration of war. At one stroke Britain had placed Iceland on the same level as Al Qaeda, even though it was a fellow NATO partner, and crippled what seemed to Reykjavik to be a healthy bank.» Boyes, *Meltdown Iceland*, p.174

varlos, debido a sus enormes obligaciones denominadas en moneda extranjera.

Esto tuvo un serio efecto en lo que quedó del sistema financiero islandés. El Banco Central de Islandia exigió a las instituciones financieras restantes nuevas garantías para sus créditos vigentes, porque las garantías antiguas consistentes en acciones de Glitnir, Landsbanki y Kaupþing habían perdido casi todo su valor. Esto destrozó a la Caja de Ahorros de Islandia (*Sparisjóðabanki Íslands*), un banco propiedad conjunta de las entidades de ahorro del país usado para proveer servicios mayoristas y de inversión, cuando no pudo aportar nuevos respaldos. El *Sparisjóðabanki* buscó ayuda gubernamental para evitar la insolvencia y el problema de contagio que esto habría causado en las instituciones de ahorro domésticas.

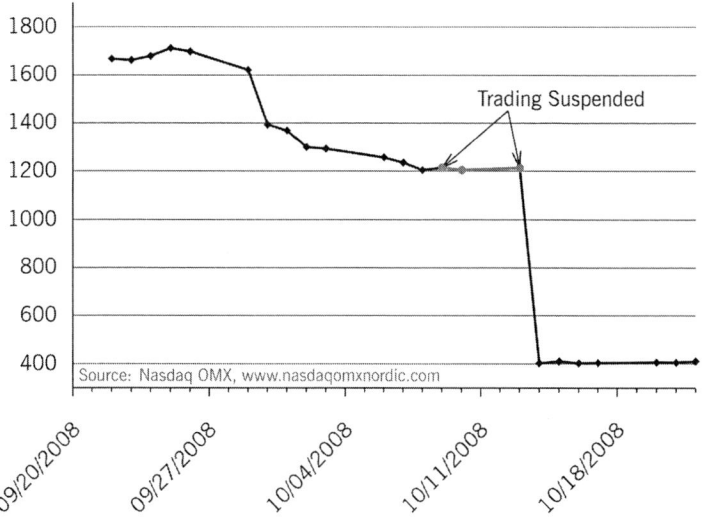

Ilustración 15: OMX Iceland All-Share Index
(cierre diario, 22 de septiembre - 22 de octubre de 2008, en coronas)
Fuente: Nasdaq OMX.

Solo tres años antes, el FMI, a través de su subdirectora gerente, Anne Krueger, había prometido de forma implícita ayuda en caso de crisis. Los empresarios desarrollaron planes de inversión bajo el supuesto de que la asistencia del FMI estaría disponible. Una corona artificialmente fuerte mantenida con garantías de ayuda implícita del FMI había permitido a la economía crecer a niveles impresionantes y posteriormente caer de bruces; ahora el FMI estaba dejando a Islandia arreglárselas por sí misma.

El país estaba al borde de un colapso financiero total. Durante tres días, desde el 9 al 13 de octubre, estuvo suspendida la negociación en el mercado bursátil de Islandia. Cuando el mercado reabrió el martes 14 de octubre, perdió un 67% en un solo día. La restricción crediticia había eliminado a muchas compañías listadas en el mercado de valores, incluyendo a los mayores clientes de los bancos, induciendo un daño mayor en sus porfolios de crédito.

El descenso repentino del mercado de valores retumbaría por toda la economía islandesa más rápida y perjudicialmente que en otros países. Los bancos islandeses no estaban expuestos al mercado de crédito subprime, pero estaban fuertemente titulizados.[17] Como los precios de los valores se veían reducidos a la mitad cada hora, los valores del capital y del colateral se evaporaban.[18]

---

[17] Thorvaldsson, *Frozen Assets*, pp. 178-79.

[18] El índice islandés equivalente al Dow Jones Industrial Average, el «OMX Iceland 15», listaba las quince compañías de mayor capitalización bursátil incluidas en la bolsa de valores de Islandia OMX. En el momento cúspide del colapso el 14 de octubre de 2008, los tres mayores bancos islandeses representaban el setenta y tres por ciento del valor del índice bursátil, y vieron su valor completamente evaporado. El índice fue suspendido en julio de 2009 y reemplazado por un nuevo índice de referencia, el «OMX Iceland 6.» Es destacable que tres de las seis compañías listadas en este nuevo índice de referencia y constituyendo aproximadamente una tercera parte de su valor (a 1 de noviembre de 2010) son de las Islas Feroe.

Los precios inmobiliarios empezaron a derrumbarse. Tenedores de hipotecas sobre-extendidas que habían denominado sus préstamos en moneda extranjera durante el auge
se encontraban ahora incapaces de continuar con los pagos
durante la caída. A medida que el tipo de cambio de la corona
se deterioraba, sus hipotecas denominadas en yenes japoneses y francos suizos se volvían cada vez más costosas de
mantener. El rápido deterioro del tipo de cambio de la corona, en particular durante la segunda mitad de 2008, dejó a los
deudores sin tiempo para negociar préstamos más prudentes
y sostenibles. El franco suizo ganó un 107% de valor contra
la corona durante 2008. El yen ganó un 145%. Los tenedores
islandeses de hipotecas que se habían beneficiado de los
bajos tipos de interés que esas monedas ofrecían durante el
auge veían ahora como sus pagos se incrementaban entre un
100 a 150% en unos meses. Menos de una década atrás, los
economistas habían anunciado la implantación del tipo de
cambio flotante como un heraldo de la estabilidad futura.[19]
Ahora la estabilidad de Islandia se estaba derrumbando,
gracias en parte a los tipos flotantes.

Los mercados financieros en Islandia estaban destrozados.
La deuda total de los bancos islandeses era de once veces el
PIB del país, y una gran parte de ella estaba denominada en
moneda extranjera. En octubre de 2008 las deudas externas
de la isla eran treinta y dos veces mayores que las reservas
de divisa del Banco Central de Islandia. Debido al colapso
financiero, los pasivos del banco central de Islandia (la base
monetaria de la corona) estaban respaldados mayoritariamente por créditos otorgados a un sistema bancario insolvente. Al estar respaldado por activos carentes de valor y
por préstamos a un gobierno que había asumido pasivos
externos demoledores, el BCI no pudo contener la oleada
sin ayuda externa.

---

[19] Eduardo Aninat, ««IMF Welcomes Flotation».

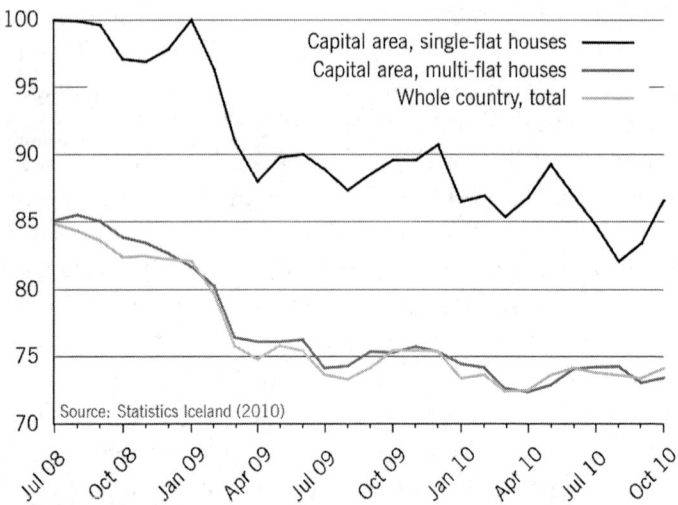

Ilustración 16: Precios de la vivienda (julio de 2008 a octubre de 2010, viviendas unifamiliares en la zona capitalina = 100)
Fuente: *Statistics Iceland* (2010)

Cuando el sistema financiero islandés estuvo bajo presión en los últimos días de septiembre de 2008, el declive de la corona se aceleró. Nadie quería la moneda de un sistema financiero en bancarrota, y los bancos islandeses estaban convirtiendo sus activos denominados en coronas en las divisas que necesitaban para pagar deudas denominadas en moneda extranjera. En una de las paridades más efímeras de la historia, el Banco Central de Islandia intentó fijar la corona al euro a un cambio de 131 coronas. El hecho de fijar un cambio muy por encima de lo que el mercado podía soportar resultó en un tremendo exceso de demanda de euros. Los inversores huyeron de la corona hacia el euro. Solo dos días más tarde, el 8 de octubre de 2008, la paridad fue abandonada, y para el 9 de octubre, la corona ya había colapsado hasta 340 coronas por euro, a la vez que el gobierno intervenía Kaupþing. Con la corona en caída libre, el Banco Central de Islandia revirtió en última instancia a intervenir en el mercado de divisas. Restringió la compra de moneda extranjera dentro de Islandia. Desde el 9 de octubre hasta el 3 de diciembre no hubo un libre mercado de divisas en Islandia.

En octubre de 2008, la salida de divisas se había tornado tan grave que se hicieron necesarias medidas adicionales. El BCI emitió un memorándum a sus bancos miembros definiendo medidas para facilitar la retención de cualquier reserva de divisa que tuvieran o fueran a recibir.[20] Los bancos solo podían proporcionar divisas para gastos en el extranjero a aquellos clientes en posesión de un billete u otra prueba de que iban a salir del país. Los banqueros ejercieron una facultad excepcional con sus clientes, centrándose en proporcionar moneda extranjera solo para la importación de productos esenciales; el BCI recomendó que los alimentos, productos farmacéuticos, productos petrolíferos, y gasto público en el extranjero fueran consideradas categorías prioritarias. Los bancos debían evitar el uso de moneda extranjera para actividades relativas a las finanzas. Los bancos con acceso a las líneas de crédito del Banco Central tendrían que presentar documentos contables especiales, detallando diariamente sus transacciones en moneda extranjera.

En enero de 2009, el Banco Central ya solo estaba cambiando una cantidad inapreciable de moneda extranjera por coronas domésticas. Durante diciembre de 2008, por ejemplo, se efectuó una venta neta de 11.1 millones de euros, de los cuales alrededor de 10.8 millones eran derivados de títulos del tesoro poseídos por no residentes, susceptibles de ser intercambiados por moneda extranjera.

Con los mercados de divisas oficialmente cerrados, la única manera de obtener moneda extranjera era a través de las subastas de banco central. El banco central de Islandia

---

[20] Central Bank of Iceland, «New Rules on Foreign Exchange Balance», Press Release n.º 18/2008 (Junio 4, 2008), «Temporary Modifications in Currency Outflow», (Octubre 10, 2008).

estaba subastando sus reservas de divisas, perdiendo 289 millones de euros durante octubre de 2008.

El 28 de noviembre, se impusieron nuevas regulaciones para controlar el cambio de monedas. Los inversores, tanto domésticos como extranjeros, solo podían mover capital dentro y fuera de Islandia con una licencia del banco central. De este modo, los inversores extranjeros estarían obligados a obtener una licencia antes de la venta de sus activos denominados en coronas. Los islandeses fueron obligados a depositar toda la moneda extranjera que recibieran en un banco islandés. En respuesta, varios exportadores islandeses escaparon del creciente control y escrutinio a mercados *offshore*, donde podían llevar a cabo transacciones en moneda extranjera lejos de la atenta mirada del regulador.

Fue necesaria ayuda externa para detener la caída libre de la corona. Las líneas swap[21] de países comprensivos hicieron disponibles divisas para el pago de las importaciones que la economía islandesa necesitaba, pero era incapaz de producir. La economía islandesa se había distorsionado tanto, centrándose fuertemente en la industria financiera, que era incapaz de producir los bienes y servicios necesarios para conseguir el capital que requerían sus importaciones básicas. Las reservas de divisa y créditos externos pagaron las importaciones necesarias. Esos créditos externos proporcionaron al banco central reservas para respaldar la corona, y dieron a la economía islandesa tiempo para reestructurarse.

En los primeros días de octubre de 2008, un equipo de expertos del Fondo Monetario Internacional llegó para hablar con el gobierno sobre una ayuda para estabilizar la corona. El 7 de octubre, el día en que el gobierno islandés anunció que las conversaciones eran favorables y que una resolución

---

[21] Esta expresión anglosajona es utilizada en el sector financiero para referirse un acuerdo de intercambio de divisas entre bancos centrales, permitiendo a un banco central obtener liquidez en moneda extranjera del banco central que la emite. El término castellano más apropiado sería «línea de canje». [N. del T.]

estaba cerca, el mismo día que declaró a Landsbanki en administración judicial, ocurrió uno de los acontecimientos más extraños de la tragedia islandesa. El banco central de Islandia anunció que había negociado con el embajador ruso, Victor I. Tatarintsev, un posible préstamo de 4000 millones de euros de Rusia durante un período de tres a cuatro años a un tipo de interés muy bajo: LIBOR más entre treinta y cincuenta puntos básicos. Es natural tener curiosidad acerca de este movimiento del BCI. Su principal propósito era detener la huida de Islandia de capital extranjero. Aunque el primer ministro Geir Haarde reveló un objetivo secundario: «No hemos recibido la clase de ayuda que estábamos solicitando de nuestros amigos. Así que en una situación como esta uno tiene que buscar nuevos amigos».[22]

Puesto que el banco central europeo y la reserva federal no pusieron en marcha acuerdos de swap con el BCI, Islandia cambió de estrategia. Al pedir ayuda a Rusia, Islandia esperaba impactar a sus antiguos aliados para que se apresuraran en su defensa. Islandia había sido base de operaciones militares americanas durante décadas. Su posición estratégica geopolítica la hace atractiva tanto a Rusia como a la OTAN. Pedir un préstamo a Rusia no solo molestaría las conciencias de los «amigos» de Islandia, sino que también pondría presión sobre ellos de cara a otorgar un préstamo a Islandia con objeto de mantener su propio estatus militar y político vis-à-vis Rusia.

Al final, los rusos retiraron la oferta del préstamo según la crisis financiera llegó a sus propias fronteras. Aunque el préstamo de Rusia nunca se materializó, el BCI fue capaz de hacer uso de líneas swap otorgadas por los bancos centrales de Dinamarca y Noruega por montantes respectivos de 200

---

[22] «We have not received the kind of support that we were requesting from our friends. So in a situation like that one has to look for new friends.» Citado de Kerry Capell, «The Stunning Collapse of Iceland», *Bloomberg Businessweek* en msnbc.com (10 de octubre de 2008).

millones de euros. Esta divisa ayudó a Islandia a importar alimentos esenciales. El 24 de octubre el FMI acordó provisionalmente un préstamo de 1 570 millones de euros. Siguiendo a este crédito, se esperaban préstamos extranjeros adicionales. Sin embargo, el Reino Unido y los Países Bajos interrumpieron el crédito del FMI, mientras demandaban que Landsbanki reembolsara a sus depositantes por las pérdidas de sus inversiones en su subsidiaria Icesave. El Icesave estaba respaldado por el fondo de garantía de depósitos islandés, que había sido incrementado para cubrir todos los depósitos domésticos *sin límite*. De acuerdo con el tratado del área económica europea, el gobierno islandés estaba obligado a garantizar como mínimo los primeros 20 000 € de *todas* las cuentas de Icesave. Puesto que el gobierno islandés había anunciado que no garantizaría las deudas extranjeras de los bancos insolventes ni proveería seguro de depósitos, los depositantes daneses y británicos estaban en posición de perder sus depósitos. Otra razón de por qué los británicos estaban tomando una posición inflexible era que los dos bancos de internet islandeses (Icesave y Kaupthing Edge) habían arrebatado a los bancos británicos cerca de 10 000 millones de libras en depósitos a la vista. Los bancos británicos, comprensiblemente, no estaban encantados con esta competencia y querían ver a sus competidores islandeses acabados.

Créditos de las Islas Feroe, Noruega y Polonia (que había enviado trabajadores a Islandia en tiempos de bonanza), fueron anunciados a finales de octubre y principios de noviembre, dando tiempo y reservas para pagar las importaciones a los islandeses. Era especialmente importante asegurar que el comercio de importación siguiera robusto, ya que Islandia importa prácticamente todas sus mercancías, a excepción del pescado, los productos lácteos, y la carne.

Finalmente, el 19 de noviembre se alcanzó un acuerdo con el FMI. El paquete de rescate de 4 600 millones de dólares estaba compuesto de 2 000 millones de dólares del FMI y

2 500 millones de dólares en créditos y swaps de divisa de Noruega, Suecia, Finlandia y Dinamarca.

El día siguiente, Islandia recibió un crédito conjunto adicional de 6 300 millones de dólares (5 000 millones de euros) de Alemania, Reino Unido, y Países Bajos para pagar a los depositantes de Icesave en dichos países. La deuda adicional impuesta al gobierno islandés por este crédito y el paquete de préstamos del FMI ascendía conjuntamente a casi 36 000 $ por ciudadano islandés, todo para pagar las aventuras de los bancos.[23]

Solo gracias a estos créditos de rescate fue posible estabilizar la corona, asegurar importaciones esenciales, y ganar tiempo suficiente para reestructurar la economía. Cuando el mercado interbancario de divisa islandés reabrió el 2 de diciembre, la corona, que había caído más del 58% durante el 2008, subió a 153.3 contra el euro. En enero de 2009 finalmente se estabilizó. Técnicamente el sector bancario seguía en quiebra, pero todavía funcionaba gracias a créditos externos, como una compañía con pagos atrasados que honra pagos antiguos gracias a nuevo crédito.

De ninguna forma es una coincidencia el hecho de que los mercados perdieran la confianza en los bancos en el momento en que eran tan vulnerables. En última instancia, los niveles extremos de descalce de plazos causaron la pérdida de confianza. El descalce de plazos incrementó la disponibilidad de fondos a largo plazo, disminuyendo artificialmente los tipos de interés a largo plazo. Los bajos tipos desencadenaron malas inversiones, como aquellas en los sectores de construcción residencial y de fundición de aluminio. Estas malas inversiones finalmente produjeron pérdidas para los bancos, dañando la confianza de los inversores y terminando la refinanciación necesaria para sustentarlos.

---

[23] Rowena Mason, «UK Treasury Lends Iceland £2.2 Billion to Compensate Icesave Customers», *The Telegraph* (20 de noviembre de 2008).

VII

POR QUÉ LA FED PUDO SALVAR
A SUS BANCOS, PERO NO EL BCI

El 13 de noviembre de 2001 el Banco Central de Islandia, encabezado por Davíð Oddsson, emitió una nota de prensa anunciando que se convertiría en el prestamista de última instancia de la comunidad financiera del país. Mientras casi todos los bancos centrales del mundo juegan implícitamente este papel, el banco central de Islandia se comprometió explícitamente a cargar con el peso de las malas decisiones del sistema bancario.

El compromiso requiere credibilidad. Un banco central *normalmente* adquiere credibilidad como prestamista de última instancia gracias a una rareza de su balance: puede satisfacer obligaciones creando más de las mismas. Como el banco central es la institución autorizada a abastecer un territorio de dinero, puede liquidar sus propias demandas aumentando unilateralmente la oferta de dinero. Consecuentemente, cualquier obligación de deuda del sector bancario puede fácilmente, aunque no necesariamente sin consecuencias dolorosas, ser absorbida y cubierta nominalmente por el banco central.

La dificultad que surge con cualquier prestamista de última instancia, implícito o explícito, es el problema del riesgo moral. Privatizar los beneficios y socializar los costes siempre resultará en cierto grado de riesgo moral. El prestamista de última instancia sesga la estructura de incentivos, y resulta en un cambio hacia empresas más arriesgadas.

Pero ¿qué pasa si un sistema bancario está cargado de deuda que no está denominada en moneda nacional, sino que lo está principalmente en moneda extranjera? En este caso, el poder de la autoridad monetaria central como prestamista de última instancia se ve limitado, pues sus poderes monetarios se limitan a cambios regulatorios del sector bancario nacional (esto es, exigencias de reservas, ratios de adecuación del capital, etc.), operaciones de mercado abierto usando los activos de su balance para esterilizar transacciones, o la inflación de la oferta monetaria nacional. Los activos denominados en divisas extranjeras se convierten en la pieza fundamental para la solvencia de un sistema bancario que esté fuertemente endeudado en las mismas.

En 2007, después de diez años de crecimiento, los tres grandes bancos islandeses – Kaupþing, Glitnir y Landsbanki – poseían activos de más del 1100% del PIB de Islandia, que abarcaban cerca del 80% de los activos bancarios de toda la isla. Se había desarrollado un modelo bancario sobredimensionado e inviable.[1] El pretexto bajo el cual se había desarrollado este sistema, que un banco central aguardaba, expectante y listo para rescatarlo si se encontraba bajo presión, sería cuestionado a medida que la crisis progresaba.

A lo largo del año 2008, las reservas de divisas de Islandia disminuyeron críticamente en relación con la demanda de liquidez del sector bancario. Un problema aún más apremiante era que el flujo de divisa extranjera hacia el país se había debilitado sustancialmente. El déficit comercial que se había desarrollado a principios de los 2000 se había mantenido constante durante toda la década. A medida que la economía progresaba incesante en su cambio de exportador neto a un gran importador, la demanda de coronas disminuía. El déficit comercial alcanzó su máximo en el cuarto trimestre de 2006, cuando la economía islandesa importaba bienes por valor de más de sesenta mil millones de coronas más de lo que

---

[1] Buiter y Sibert, «The Icelandic Banking Crisis»; Jon Danielsson, «The First Casualty of the Crisis: Iceland», VoxEU (12 de noviembre de 2008).

exportaba. Este desequilibrio se atenuó a medida que avanzaba la década, pero en 2008 la economía islandesa todavía importaba más de veinticinco mil millones de coronas más en bienes extranjeros (y moneda extranjera) de lo que exportaba.

El Banco Central de Islandia estaba en una posición difícil, con escasas reservas de divisa extranjera disponibles para satisfacer las necesidades del sistema bancario y sin ninguna posibilidad de rellenar sus arcas dado el persistente desequilibrio comercial. Se había comprometido a rescatar el sector bancario cuando fuera necesario. Ahora lo era, pero carecían de los medios para hacerlo. El sector bancario había asumido demasiadas obligaciones denominadas en divisa extranjera que no podían ser satisfechas por las existencias disponibles de fondos. Era evidente que solamente el apoyo exterior podría salvar el sistema financiero.

Los varios bancos centrales a los que se les hizo peticiones tempranas de swaps de liquidez hicieron oídos sordos. Frente a la inminente probabilidad de una crisis de liquidez dentro de sus propias fronteras, los países extranjeros, incluso los previamente aliados, estaban poco deseosos de prestar dinero a Islandia. Había disponible un abundante suministro de coronas para ser canjeadas, pero los países extranjeros no estaban dispuestos a aceptar la relativamente insignificante divisa a cambio de dinero fuerte que podía utilizarse para satisfacer obligaciones de deuda. Finalmente, el 16 de mayo de 2008 los bancos centrales de Suecia, Noruega y Dinamarca llegaron a acuerdos bilaterales de canje de euros/coronas. Cada acuerdo permitía suplir hasta 50 millones de euros.

Pero 50 millones de euros era una gota en el océano en comparación con los setenta mil millones de euros de obligaciones pendientes en divisa extranjera que el sistema bancario privado de Islandia había acumulado.

El Banco de Inglaterra estaba en un principio entusiasmado con la idea de un acuerdo de swap, pero se enfrió a medida que pasaba el año. El Banco Central Europeo no estaba dispuesto a llegar a un acuerdo sin una evaluación de la economía y la posición del sistema bancario de Islandia por parte del FMI. Se les solicitó ayuda al FMI y la Fed, ya fuera prestando dinero ellos mismos o evaluando el potencial de la economía para ver si se podía encontrar otras contrapartes.

El optimismo inicial acerca de acuerdos de swap intermediados rápidamente se disipó, a medida que avanzaba el año y el tamaño y la verdadera naturaleza del sistema bancario islandés se hicieron evidentes. La Fed determinó que el sistema bancario islandés necesitaba más ayuda de la que se podía comprometer a ofrecer. A pesar de ofrecer acuerdos de swap a una multitud de otros bancos centrales, dejó a su suerte al Banco Central de Islandia.

Sin apoyo exterior, el banco central intentó expandir sus reservas de divisas en el mercado abierto emitiendo bonos a corto plazo. Los ilíquidos mercados de crédito frustraron esta tentativa, haciendo que cualquier recapitalización exitosa a través de una emisión de bonos fuera casi imposible. Los activos islandeses, que hasta hacía poco tiempo habían tenido una gran demanda, eran ahora universalmente rechazados. Los países extranjeros tenían sus propios y crecientes problemas de crédito. No podían continuar abasteciendo a Islandia.

En octubre, el BCI había agotado 40 millones de euros de sus líneas swap con los países nórdicos. Estas naciones aliadas extendieron los acuerdos hasta el final de 2009, y se esperaba que esto proporcionara alivio sostenido al banco central.

Pero el 9 de octubre la situación se había deteriorado hasta el punto de que el BCI emitió un comunicado al público reiterando que la economía estaba sana y que el banco central estaba comprometido a mantener una calificación crediticia sólida. Este compromiso se había evidenciado días antes, cuando el BCI negoció un préstamo con Rusia de cuatro mil millones de euros.

La oposición internacional al rescate ruso era evidente, y a muchos países que previamente habían dado la espalda a

Islandia ahora les atraía la idea de un rescate. El préstamo ruso pronto fracasó, pues el FMI trabajó para negociar un acuerdo de derecho de giro (SBA[2]).

El gobierno islandés pudo alcanzar el SBA *ad referendum* con el FMI el 24 de octubre de 2008, haciendo disponibles 2200 millones de dólares durante dos años. El FMI desembolsaría 830 millones de dólares inmediatamente, y el resto se distribuiría en el periodo restante. El 19 de noviembre de 2008 el acuerdo se finalizó y se hizo el primer pago. Más tarde el FMI extendió el SBA hasta el 31 de mayo de 2011.

Este acuerdo hizo mucho para frenar la marea de insolvencia a la que el BCI se enfrentaba a corto plazo. Sin embargo, poco hizo para aliviar los problemas a más largo plazo de la economía islandesa. El gravemente depreciado tipo de cambio ponía en peligro la llegada de las importaciones que Islandia necesitaba tan desesperadamente: comida, medicinas y petróleo.

La crisis puso a prueba las alianzas. Aliados previamente próximos ignoraron las peticiones iniciales de ayuda de Islandia.[3]

Fue solo con algo de ayuda extranjera que la corona se estabilizó a principios de enero de 2009. El BCI recibió activos de alta calidad y así incrementó la calidad media de los activos que respaldaban su moneda, empezando un periodo de «mejora cualitativa».[4] Se usaron nuevas reservas de divisa

---

[2] Las siglas corresponden al término anglosajón «stand-by arrangement». [N. del T.]

[3] Jónsson, *Why Iceland?*, pp. 138, 188.

[4] La mejora cualitativa consiste en la mejora de la calidad media de los activos que respaldan una moneda. La mejora cualitativa es, pues, lo opuesto a la relajación cualitativa. Se puede alcanzar mientras el total del balance está cambiando añadiendo activos de más alta calidad o liquidando los de menor calidad, o con un total del balance constante vendiendo activos de menor calidad y comprando activos de mayor calidad. El término *expansión cualitativa*, que denota una nueva forma de política monetaria usada fuertemente durante la recesión que siguió la crisis de liquidez de 2008 y distinta de

extranjera para pagar importaciones y empezar a restaurar la confianza en la moneda. La corona se estabilizó, y las tasas de inflación se moderaron durante toda la primavera de 2009. Cuando la calidad de los activos que respaldaban la moneda incrementó debido a los préstamos exteriores que proporcionaron una liquidez de mayor calidad, la calidad de la corona incrementó.

El compromiso explícito del BCI de actuar como prestamista de última instancia había puesto en peligro la estabilidad del país. Aunque el BCI estaba suficientemente bien capitalizado en términos de activos extranjeros en relación con sus obligaciones denominadas en divisa extranjera para apaciguar las tormentas derivadas de movimientos adversos en el tipo de cambio, una vez cargó con las obligaciones del resto del sector bancario, la situación cambió drásticamente. En la ilustración 17 podemos ver que, durante 2007-08, el BCI cubría obligaciones denominadas en moneda extranjera que ascendían a un total de entre *3000 y 4000 veces* su base de activos denominados en moneda extranjera. Dado que las obligaciones del sector bancario privado se habían convertido en las del BCI, independientemente de su denominación, debemos evaluar la posición financiera del banco central a la luz de estas obligaciones. El enorme endeudamiento del sector bancario nacional pesó mucho sobre el banco central, reduciendo la proporción de activos y obligaciones extranjeros a un *mero 4-6 por ciento*.[5]

---

la más conocida expansión cuantitativa, lo acuñaron Philipp Bagus y Markus H. Schiml («New Modes of Monetary Policy: Qualitative Easing by the Fed», *Economic Affairs* 29, n.º 2 [2009]: pp. 81–93) y más tarde lo desarrollaron Philipp Bagus y David Howden («Qualitative Easing in Support of a Tumbling Financial System: A Look at the Eurosystem's Recent Balance Sheet Policies», *Economic Affairs* 29, n.º 4 [2009]: pp. 60–65; «The Federal Reserve and Eurosystem's Balance Sheet Policies During the Financial Crisis: A Comparative Analysis», *Romanian Economic and Business Review* 4, n.º 3 [2009]: pp. 165–85).

[5] Contando estas obligaciones bancarias, el Banco Central de Islandia era verdaderamente insolvente, una situación poco común

Esta proporción alcanzó su máximo cuando el BCI compró reservas de divisa extranjera para incrementar su liquidez. El FMI incrementó sus derechos especiales de giro en casi quince mil millones de coronas, proporcionando apoyo a las cada vez más escasas reservas de divisas del BCI.[6] Aunque este pico hubiera podido dar la impresión de que el BCI tenía abundantes, o al menos suficientes activos extranjeros como para financiar las obligaciones derivadas de sus importaciones, el efecto de las inyecciones de activos extranjeros duró poco. Sin embargo, al menos sí que consiguieron estabilizar la moneda.

---

para un banco central, como ha sido analizado en Maxwell J. Fry («Can Central Banks Go Bust?» The Manchester School of Economics and Social Studies 60 [Supplement 1992]: pp. 85–98) y Willem H. Buiter («Can Central Banks Go Broke?» Centre for Economic Policy Research Policy Insight n.º 24 [mayo 2008]).

[6] Tener fondos propios positivos es esencial para que un banco central mantenga su independencia con respecto al gobierno central. El riesgo de recapitalización podría implicar el sacrificio de su independencia, en tanto que será la autoridad fiscal la que proporcione nuevo capital al banco central. Mientras que estudios previos se han centrado en la recapitalización del banco central por parte de su autoridad fiscal (Claudio Borio y Piti Disyatat, «Unconventional Monetary Policies: An Appraisal», The Manchester School 78 [Septiembre 2010]: pp. 53–89; Olivier Jeanne y Lars Svensson, «Credible Commitment to Optimal Escape from a Liquidity Trap: The Role of the Balance Sheet of an Independent Central Bank», American Economic Review 97, n.º 1 [2007]: pp. 474–490), el caso islandés es único en el sentido de que el gobierno islandés carecía de la capacidad de hacer esto. En su lugar, los países nórdicos vecinos y el FMI proporcionaron los préstamos y el capital necesarios para que el banco central pudiera continuar sus operaciones. Los efectos de estas intervenciones exteriores sobre la independencia del BCI están aún por ver.

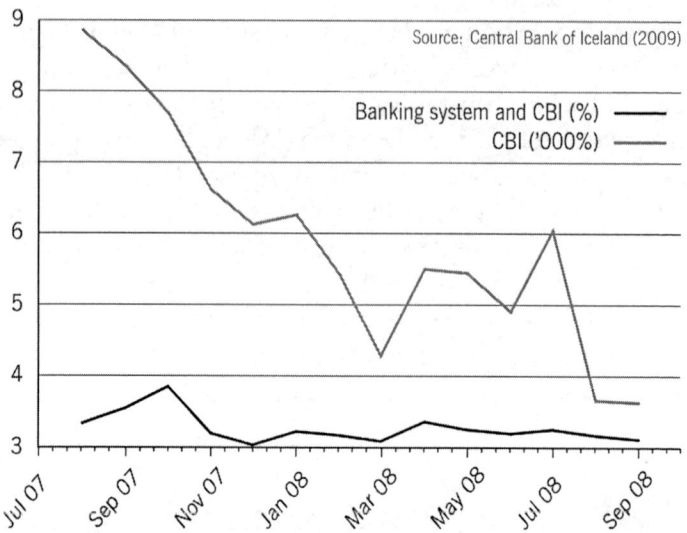

Ilustración 17: Ratio de liquidez del Banco Central de Islandia
(agosto 2007– septiembre 2009)[7]
Sistema bancario y BCI (%), BCI (´000 %)
Fuente: Banco Central de Islandia (2009).

El BCI no solo carecía de la liquidez necesaria para cubrir la deuda denominada en moneda extranjera del sistema bancario, sino que además carecía de la liquidez con vencimiento adecuado. La ilustración 18 muestra las brechas de financiación por vencimiento del mercado de deuda islandés, incluyendo las obligaciones del BCI y de las tres grandes instituciones financieras. Las brechas de financiación positivas implican un exceso de obligaciones sin los activos correspondientes con los que financiarlas.

---

[7] Calculado como la suma de los activos denominados en divisa extranjera (incluyendo el oro) dividida por el total de obligaciones en divisa extranjera.

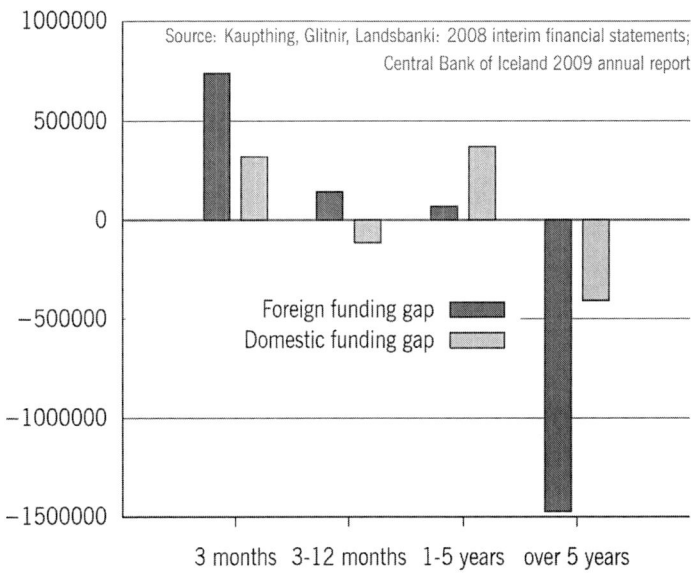

Ilustración 18: Brechas de financiación del Banco Central de Islandia
y los tres grandes bancos combinados (millones de coronas).
Brecha de financiación en denominación extranjera
y brecha de financiación doméstica.
Fuente: Kaupþing, Glitnir, Landsbanki: Informes financieros
provisionales de 2008 y Banco Central de Islandia, Informe Anual
de 2008 (2009).

Se hizo patente la grave asimetría de vencimientos del sistema financiero. Existían abundantes activos de vencimiento largo, tanto en coronas como en fondos extranjeros. Como consecuencia de haber tomado prestado a corto e invertido a largo, había 1.5 billones de coronas (210 mil millones de dólares) más de activos a largo plazo venciendo que de obligaciones a largo plazo con necesidad de financiación. Desafortunadamente, el sistema bancario necesitaría su liquidez mucho antes de los cinco años que tendría que esperar hasta que estos activos a largo plazo vencieran. Mientras tanto, estas operaciones a largo plazo se financiaban aprovechándose de los bajos tipos de interés ofrecidos por la deuda a corto plazo, especialmente con vencimiento de menos de tres meses. El balance del sistema financiero lucía una creciente brecha de 740 mil millones de coronas (10 500 millones de dólares) de deuda a corto plazo sin financiar, lo que requería que ahorradores dispuestos continuamente lo refinanciaran.

El sistema bancario dependía de un flujo continuo de financiación a corto plazo, especialmente financiación externa, pero el banco central tenía muy poca financiación que ofrecer, y el escaso suministro de fondos que sí tenía no estaría disponible hasta varios años después. Una restricción de liquidez a corto plazo llevó al sistema bancario a la insolvencia. Los préstamos a corto plazo ofrecidos por la comunidad internacional aliviaron esta crisis de liquidez, pero no consiguieron proporcionar una solución duradera. El sistema bancario solo resolverá este problema de liquidez cuando vuelva a emparejar los plazos de sus obligaciones de deuda con los de los activos con los que las financiar.

Cuando se publica este libro (2011), el banco central prácticamente carece de reservas netas de divisa extranjera. Mientras la volatilidad del tipo de cambio permanezca baja, esto no causará problemas importantes. La restricción de liquidez a corto plazo no es eterna, pues los préstamos extranjeros a los bancos islandeses no son alarmantemente escasos y un tipo de cambio estable protege el futuro poder adquisitivo de los inversores extranjeros. Sin embargo, el mal financiado sistema bancario de hoy no es una mejora frente al viejo insostenible sistema. Si hay otra crisis de liquidez, Islandia se encontrará en una posición incluso más peligrosa que aquella en la que se encontró a finales de 2008, pues carece de la capacidad de financiar importaciones con obligaciones no denominadas en coronas.

La promesa aparentemente inocua que el BCI hizo en 2001 de actuar como prestamista de última instancia contribuyó a la ruina del sector bancario de Islandia, de su banco central, de sus finanzas nacionales y, finalmente, de su gobierno. Esta promesa llevó a los bancos a asumir niveles crecientes de endeudamiento externo y obligaciones externas crecientemente arriesgadas, garantizados por parte del BCI, que les ayudaría cuando llegara una crisis de liquidez. Esto sería la perdición del BCI, pues carecía de los recursos suficientes para llevar a cabo tal rescate. Estaba más que suficientemente bien capitalizado para sostener sus propias operaciones, pero la magnitud y el alcance internacional de las operaciones de préstamo del sector bancario islandés, encabezado por los tres grandes bancos, imposibilitó al BCI ofrecerles ninguna ayuda significativa.

VIII
LA REESTRUCTURACIÓN NECESARIA

Hay tres aspectos de la vida de Islandia que deben volver a la normalidad para que su economía pueda recobrar el equilibrio y salga del pozo en el que se encuentra.

Las malas inversiones (recursos mal asignados y errores empresariales) deben ser liquidadas. Prolongar su existencia impide a la economía cambiar los patrones de producción y consumo de forma que se propicie el crecimiento a largo plazo.

Un sector financiero desmedido no es ni necesario ni saludable para la economía. Ha retirado recursos de aquellas áreas en las que Islandia tiene una ventaja competitiva real. Se debe dejar que el sector financiero se encoja hasta el tamaño requerido por la economía de Islandia.

Finalmente, el auge basado en el consumo engendró un nuevo tipo de islandés. La economía inflacionaria de los años del auge aumentó la preferencia temporal del país. Los islandeses deben retomar su prudencia tradicional en el crédito y el gasto. Como señala Howden[1] sobre el proceso de recuperación necesario para una economía renqueante:

---

[1] «A healthy recovery phase, then, will be one characterized by an allowance for entrepreneurs to replace the skills learned in the previous expansionary financial environment with the skills needed for the maintenance of the production structure. To the extent that entrepreneurs are inhibited from completing this necessary transition, a healthy recovery phase will be delayed.» Howden, «Knowledge Shifts», p. 179.

Una fase de recuperación saludable, pues, será aquella caracterizada por la capacidad de los empresarios para reemplazar las habilidades adquiridas en el previo entorno de expansión financiera con las habilidades necesarias para mantener la estructura productiva. En la medida en que se impida a los empresarios completar esta necesaria transición, la fase de recuperación saludable se retrasará.

Permitir que estas tres áreas vuelvan a su estado normal será un requisito doloroso pero fundamental para la recuperación. Retrasar este resultado, bien a través de más inflación, controles o manipulaciones del tipo de cambio, rescates, o garantías estatales, prolongará la miseria de Islandia.

Ajuste de recursos

La expansión crediticia condujo a una estructura productiva artificialmente alargada. Esto normalmente implica un aumento en la producción de bienes de capital, según lo señalado por el aumento relativo de rentabilidad en aquellas fases productivas más alejadas de la última.

Durante el *boom* de Islandia, los bienes de capital se alejaron de sus usos previos en la economía: la pesca y los productos marítimos. Estas industrias tradicionales se erosionaron gradualmente a favor de procesos de producción más capital-intensivos. Hubo un auge del sector de la vivienda que ahora deja a la isla con un exceso de stock inmobiliario en busca de propietarios o arrendatarios. La mayor capacidad de fundición de aluminio para aprovechar el gran suministro de electricidad barata ahora busca un uso rentable. Los inversores empezaron una multitud de industrias y negocios intensivos en capital durante la década pasada, en detrimento de las industrias más mundanas y estables en las que los islandeses se han especializado históricamente.

Estas malas inversiones específicas serán difíciles, pero no imposibles de rectificar. El proceso implicará dos pasos, ambos algo dolorosos.

Primero, el exceso de consumo durante el *boom* condujo a una mala asignación de recursos. La crisis forzó a muchos a reconsiderar su antes profuso gasto. Muchos islandeses ni fueron capaces ni quisieron continuar pagando coches comprados con préstamos denominados en divisas extranjeras. Incumplieron sus préstamos de automóviles y un excedente de coches usados inundó el mercado a precios bajos. HEKLA, un importador y distribuidor con más de 74 años en el mercado elaboró una base de datos de coches usados para ayudar a vaciar el mercado. Con unos precios de compra atractivos a nivel internacional gracias a la devaluada corona, compradores de las Islas Feroe, Noruega, Dinamarca, Suecia y Alemania se apresuraron a comprar unos coches que costaban relativamente menos.[2] Aunque no tiene instalaciones de producción de automóviles, Islandia se ha convertido en un exportador de coches.

La eliminación del exceso de bienes de consumo, como los coches comprados durante el *boom*, debe continuar hasta que la economía recupere la estabilidad. Reducir el exceso de existencias de bienes de consumo usados permitirá que los precios de los bienes nuevos se estabilicen. Además de deshacerse del exceso de bienes de consumo, estas exportaciones son útiles para otro fin. Los compradores extranjeros que paguen en divisa extranjera proporcionarán una muy necesaria fuente de estas monedas para cubrir las deudas en las que se incurrió previamente. Los compradores extranjeros que paguen en coronas necesitarán, en general, comprar esas coronas en el mercado abierto, proporcionando demanda para apoyar la moneda islandesa.

---

[2] HEKLA estaba tan ansiosa de beneficiarse de esas exportaciones que ofreció cubrir los costes de envío a todos los compradores de sus vehículos usados. Los coches usados resultaron ser una de las fuentes del tan necesario ingreso extranjero durante el colapso.

En segundo lugar, los empresarios necesitarán redirigir bienes de capital a áreas de la economía necesitadas. Durante los años de auge, los recursos físicos fueron redirigidos de la economía real, basada en el mar, hacia la construcción. Las flotas pesqueras depreciadas necesitarán ser reparadas o reconstruidas para revertir este desplazamiento de recursos. Estas malas inversiones específicas serán difíciles, pero no imposibles, de rectificar.

Este avance hacia una economía más tradicional ha sufrido algunos obstáculos. El 10 de julio de 2009 el ministro de Pesca y Recursos Marinos anunció las cuotas de pesca para la campaña de pesca de 2009-2010. La cuota total de anón se redujo en casi un cincuenta por ciento (30 000 toneladas) y la de bacalao en un ocho por ciento (12 500 toneladas).[3] Esta reducción no podría haber llegado en peor momento, pues Islandia necesita obtener divisas extranjeras a través de sus exportaciones para ayudarla a superar la recesión.

Otros acontecimientos recientes han aportado algunos avances. El 29 de enero de 2010 la cuota de capelán se incrementó a 130 000 toneladas. De este total, el ministro de Pesca y Recursos Marinos asignará más de 97 000 toneladas a la flota pesquera islandesa y el resto será subastado a extranjeros.[4] La asignación islandesa promueve un retorno a la economía tradicional liderada por los productos marítimos, que a la larga aumentará las exportaciones. La cuota asignada a los extranjeros llevará asociada una entrada inmediata de divisa extranjera que aliviará el déficit de financiación.

La mano de obra será un recurso particularmente complejo de reconvertirse. Como la distribución de la mano de obra entre las diferentes industrias sufrió cambios significativos durante el *boom*, se necesitará una reasignación del personal para emplear los recursos físicos que los empresarios alejaron de negocios e industrias previamente no rentables. La

---

[3] Central Bank of Iceland, *Monetary Bulletin* 11, n.º 4 (2009), p. 63.
[4] Central Bank of Iceland, *Monetary Bulletin* 12, n.º 2 (2010), p. 82.

característica principal de la mano de obra como recurso, la no especificidad, resultará ser su mayor ventaja *y también* su mayor desventaja en este proceso.

Por otro lado, otros recursos físicos serán adecuados solo para procesos de producción específicos. Los condominios recién producidos, por ejemplo, no pueden ser fácilmente desviados para satisfacer el aumento en la demanda de capacidad de tratamiento de pescado. Los programas de software de los banqueros, obtenidos para organizar, controlar y gestionar las abultadas carteras de préstamos durante el auge, no se pueden usar para ningún otro propósito salvo ese. De hecho, todo el capital físico tiene cierto grado de especificidad. Es más adecuado para un proceso productivo que para otros. El trabajo, en cambio, es a menudo un input menos específico. Los individuos se pueden reasignar a procesos de producción diferentes con relativa facilidad.

Un trabajador tiene la capacidad de pensar por sí mismo, recibir formación y cambiar los fines hacia los cuales dirige su trabajo. Esta es la ventaja distintiva de la mano de obra, que garantiza que siempre tenga la posibilidad de ser usada, pero también plantea algún problema. Mientras otros recursos físicos pueden ser instantáneamente reasignados siempre y cuando exista un uso alternativo sostenible que puedan cumplir, el trabajo, casi con toda certeza, requerirá un periodo de tiempo para alterar sus capacidades. Se necesitará tiempo de formación y reeducación, además del más comúnmente identificado tiempo de búsqueda de empleo, para adaptar empleados a nuevas posiciones. Un pescador convertido en banquero que fue entrevistado por Michael Lewis durante el *boom* de Islandia ilustra el problema específico que sufre la mano de obra. El pescador se lamentaba: «Creo que es más fácil enseñar *trading* de divisas a alguien proveniente

---

[5] «I think it is easier to take someone in the fishing industry and teach him about currency trading than to take someone from the banking industry and teach them how to fish.» Lewis, «Wall Street on the Tundra.»

de la industria pesquera que enseñar a pescar a alguien de la industria bancaria.»[5]

Cualquier cosa que retrase la reasignación de la mano de obra a usos más productivos incrementará el tiempo necesario para que la economía vuelva a la normalidad. La prestación por desempleo disminuye los incentivos que tienen los desempleados recientes para encontrar trabajo de nuevo en sectores de la economía más rentables. La compensación por desempleo en Islandia es generosa y duradera. Está a disposición de cualquiera entre los 16 y los 69 años, y el único requerimiento es que el trabajador haya emprendido al menos diez semanas de empleo asegurado dentro un periodo previo de doce meses. Las ayudas son de entre 1362 y 5446 coronas al día.[6] El seguro por desempleo puede conservarse, siempre y cuando el destinatario no trabaje más de dos días a la semana. La cobertura continúa durante un periodo máximo de tres años.

Estos subsidios han resultado en un marcado declive en la cantidad de horas trabajadas del islandés medio durante la crisis. Mientras otros países han sufrido incrementos súbitos en desempleo durante estos últimos años, la situación real de Islandia ha sido enmascarada por una peculiaridad del mercado laboral islandés. A pesar de la apariencia de una verbena sin fin durante los años de auge, los islandeses trabajaban por norma en dos empleos para llegar a fin de mes. Como resultado, el desempleo durante la depresión ha sido subestimado. Muchas personas han perdido uno de sus dos trabajos, pero aún tienen el otro; por lo tanto, las estadísticas oficiales de desempleo no las contabilizan. Una mejor medida del desplome del empleo es la cantidad de horas trabajadas por el ciudadano medio (Ilustración 19).

---

[6] En el 2008, esto equivalía a una prestación por desempleo semanal de entre 112 y 446 dólares. A título de comparación, un país europeo similar, Irlanda, tenía una compensación por desempleo máxima de 289 dólares a la semana durante un periodo máximo de quince meses.

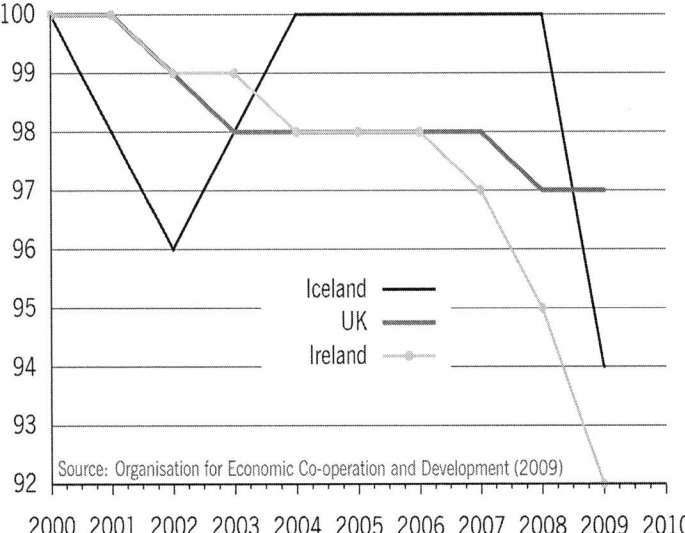

Ilustración 19: Media de horas anuales trabajadas
(trabajadores por cuenta ajena, 2000 = 100)
Islandia, Reino Unido, Irlanda.
Fuente: Organización para la Cooperación
y el Desarrollo Económico (2009).

En el punto álgido del auge, el islandés medio trabajaba 1822 horas al año. En el año 2009 esto había disminuido a 1717 horas, una disminución de casi un 6%. Esta disminución en horas trabajadas ha sido más rápida en Islandia que en el otro patito feo de Europa, Irlanda, y ha hecho que el declive de horas trabajadas en Gran Bretaña parezca insignificante en comparación. De los islandeses registrados como desempleados en 2009, el 88% dicen haber perdido su trabajo en octubre, justo después del derrumbe del sistema financiero.[7]

Cualquier cosa que obstaculice el ajuste de los mercados financieros, de trabajo o de bienes, prolongará el dolor de la

---

[7] *Iceland Review*, «Salary Cuts for 14 Percent of Wage Earners» (14 de enero 14 de 2009).

población islandesa. La flexibilidad es esencial para permitir que los factores productivos se desplacen de sectores donde fueron mal invertidos a sectores donde pueden ser usados de forma más rentable. Un mercado de trabajo más flexible, a través de la reducción de regulaciones y de incentivos para no trabajar (como el seguro por desempleo), ayudaría a la recuperación incitando a los trabajadores a volver a las industrias tradicionales más rápidamente.

Contracción del sector financiero

El desplazamiento desde los entonces relativamente poco rentables sectores reales de la economía (sectores basados en la producción) hacia el sector bancario y, en última instancia, hacia los sectores financieros puede haber sido el acontecimiento más evidente del auge, y la inversión de este cambio es el más evidente de la depresión actual.

Si bien la perspectiva de una industria entera marcada por despidos masivos, oficinas vacías, sucursales cerradas y una reputación declinante puede parecer desafortunada, debemos darnos cuenta de que es un paso inevitable en el largo camino hacia la recuperación. La raíz de la crisis es, al fin y al cabo, el fomento de un sector financiero sobredimensionado e insostenible, que dependía de unos tipos de interés artificialmente reducidos.

El cambio, en gran medida, ya ha ocurrido. Si bien el traslado de recursos físicos que es necesario para reducir la magnitud de esta titánica industria requerirá algún tiempo (los banqueros deben ser instruidos de nuevo y las oficinas bancarias deben ser rehabilitadas para nuevos usos) el movimiento de capital financiero fuera del sector financiero ya ha tenido lugar en gran medida. Los precios de las acciones de los bancos ya se han desplomado, empresas financieras han quebrado, y los anteriormente elevados beneficios y bonificaciones se han reducido o eliminado. La corona cayó más del 58% durante el 2008 antes de estabilizarse. A corto plazo hubo un dolor considerable, pero la señal a largo plazo no podría haber sido más clara.

El dolor a corto plazo tuvo lugar principalmente a causa del súbito aumento de los precios de las importaciones; importaciones de las que la economía había acabado dependiendo a medida que el déficit comercial proliferaba. Aunque debió haber parecido desastroso para muchos, este aumento de precios debería haber sido celebrado como una señal clara de que la economía de Islandia había llegado a un punto de inflexión. Si bien el aumento de los precios reales forzó cambios dolorosos, también señalaba la nueva ventaja económica de Islandia. Una corona más barata hizo las exportaciones islandesas relativamente baratas para los países extranjeros, lo que reforzó la demanda de esos bienes. Debería ser evidente a estas alturas que el problema real desde que la corona se ha estabilizado en su nuevo valor más reducido no ha sido el incremento relativo de los precios de las importaciones hacia el país; el problema ha sido la falta de capacidad para producir bienes para exportar y aprovecharse de esta nueva ventaja comparativa.

A medida que el tipo de cambio retomaba una posición alineada con la ventaja comparativa de Islandia (la exportación de productos marinos o electrointensivos) se hizo evidente que no existía el exceso de capacidad necesario para satisfacer esa demanda rápidamente. Los activos financieros pronto y sin esfuerzo se ajustaron a la baja en su precio para reflejar la realidad de la situación, pero los activos reales tardaron más en responder. Si la capacidad productiva hubiera tenido la característica de ser ampliable fluida e instantáneamente, Islandia se podría haber aprovechado de los recién ajustados precios financieros con escasas alteraciones del panorama financiero islandés.

Una característica significativa de las acciones del gobierno durante la depresión fue su esfuerzo coordinado para mantener la primacía del sector financiero. La aproximación

o completa entrada en bancarrota a finales de 2008 de los tres
grandes bancos islandeses, Kaupþing, Glitnir y Landsbanki,
tendría que haber sido vista como una clara señal de que los
activos financieros habían sido mal invertidos previamente y
podían ser más productivos en usos alternativos. Pero se hizo
un esfuerzo coordinado para salvar a esos bancos: fueron
nacionalizados y continúan funcionando.

El resultado fue una prohibición de la respuesta natural a
la crisis. No se permitió al sector financiero encogerse hasta
el punto necesario para la sostenibilidad. Por consiguiente,
la economía productiva real no se ha podido expandir hasta
el punto necesario para beneficiarse de la ventajosa bajada
del tipo de cambio.

Mientras los recursos invertidos en industrias y empresas
que producen bienes para la exportación habrían conseguido
un beneficio instantáneo con el tipo de cambio que prevalecía,
los recursos que fueron dirigidos hacia el sector bancario
recibieron pérdidas continuadas o, en el mejor de los casos,
un futuro incierto. Dirigir recursos hacia el sector bancario
no solamente prolonga la vida de este aspecto insostenible
de la economía islandesa, sino que también hace que esos
recursos no estén disponibles para los sectores productivos
de Islandia basados en la exportación.

Al escoger apoyar a los sectores bancario y financiero,
el gobierno consideró más favorablemente las ventajas de
aliviar el dolor inmediato que las desventajas de impedir el
crecimiento a largo plazo. Muchos se apresurarán a señalar
que la economía de Islandia, al menos en su situación actual,
depende de su industria financiera. A la pregunta de si esto
debería haber sido así, la respuesta debe ser negativa. El
futuro requerirá un sector bancario reducido. ¿Cuánto? Esto
aún está por ver.

IX

OBSERVACIONES FINALES

El espectacular colapso de la economía islandesa ha despertado mucho interés. A menudo se afirma que los especuladores o las reformas de libre mercado causaron la crisis. Nada más lejos de la realidad.

Islandia está lejos de ser un paraíso liberal. A pesar de la retórica de libre mercado del antiguo primer ministro (y posteriormente presidente del BCI) Davíð Oddsson, y de su afecto por las eras de Thatcher y Reagan, Islandia está cerca del modelo escandinavo del estado de bienestar. En 2007, su carga fiscal era la novena más alta entre las naciones de la OCDE (41.4% del PIB, superior a Alemania y Francia).

Aunque hubo una desregulación y privatización del sector bancario, el sector bancario islandés estaba muy lejos de ser un mercado libre. Si bien los bancos podían actuar libremente, estos operaban dentro de un marco de incentivos creados por el gobierno, y fueron esos incentivos los que causaron un ciclo económico. De hecho, Islandia es el ejemplo perfecto de un colapso económico causado por el papel-moneda fíat nacional. El papel-moneda fíat no tiene nada que ver con el dinero de un mercado libre. El privilegio de la banca de reserva fraccionaria (es decir, apropiarse del dinero depositado y participar en la expansión crediticia) viola los derechos de propiedad del depositante. El Banco Central de Islandia dirigió la expansión crediticia, expandió la base monetaria, y asumió de modo explícito el rol de prestamista de última instancia. La banca central es uno de los últimos bastiones de la planificación gubernamental y del socialismo.[8]

Mientras los bancos centrales en otras naciones desarrolladas son al menos nominalmente independientes del gobierno que les ha otorgado su monopolio, en Islandia no había duda de que el BCI fue siempre una encarnación de las fuerzas políticas. Dos de sus tres gobernadores eran nombramientos políticos explícitos. Davíð Oddsson, quien presidió el BCI durante su dramática caída en desgracia, había sido previamente primer ministro de la nación (además él no era economista, sino abogado de formación). Cuando fue aparente que el banco central había permitido que las finanzas del país llegaran a un estado catastrófico, la nueva primera ministra, Jóhanna Sigurðardóttir, destituyó a Oddsson. La ausencia de un firme imperio de la ley que limitara a los políticos nunca fue expuesta de manera rotunda: «Jóhanna Sigurðardóttir comprendió que no podía echar a Davíð Oddsson en el acto; podía, sin embargo, dejar claro que, si él no se iba por su propio pie, aprobaría rápidamente una ley que estipulara, por ejemplo, que el gobernador del banco central debía tener formación económica.»[9]

La existencia de un banco central dispuesto a ayudar a bancos en apuros fomenta significativamente la expansión crediticia y el descalce de plazos.[10] El BCI no era mejor defensor del libre mercado de lo que lo son otros bancos centrales. Simplemente siguió la expansión crediticia dirigida por el resto de los bancos centrales, bajo la ilusión de que la reducción artificial de tipos de interés sería beneficiosa para la coordinación de la economía. Como *refinanciador* de

---

[8] Huerta de Soto, *Money, Bank Credit and Economic Cycles*, p. XXII.

[9] «Johanna Sigurdottir understood that she could not sack Davíð Oddsson outright; she could, however, make it clear that if he did not go of his own free will, she could rush through a law stipulating, for example, that the governor of the central bank had to have economic training.» Boyes, *Meltdown Iceland*, pp. 197–98.

[10] Bagus, «Austrian Business Cycle Theory.»

última instancia, el BCI fomentó el descalce de plazos, que fue uno de los dos ingredientes del cóctel explosivo que se llevaría por delante al sistema financiero islandés. El otro ingrediente principal, el descalce monetario, fue fomentado por la ilusión de que los swaps de divisas podrían proteger frente a una interrupción de la refinanciación en los mercados mayoristas internacionales.

No se comprendió que la propia expansión crediticia lleva a esta interrupción de la refinanciación. A medida que la expansión crediticia engendra malas inversiones, se desarrolla una situación insostenible. La economía se vuelve cada vez más frágil. Cuando el descalce monetario está asociado con un descalce de plazos (y una expansión crediticia confiando en depósitos a la vista es por definición un descalce de plazos) incluso una disrupción relativamente pequeña de la liquidez hará que el castillo de naipes se derrumbe. El colapso de Lehman Brothers a finales de 2008 no causó el fallecimiento de la economía islandesa, simplemente expuso los errores cometidos previamente por los inversores.

Dos factores principales exacerbaron el descalce de plazos. Primero, la política monetaria laxa del banco central de Islandia alimentó el traslado a vencimientos de deuda a corto plazo. Como la política monetaria hizo efecto principalmente en el extremo corto de la curva de tipos, los tipos a corto plazo se redujeron más que los tipos a largo plazo. Debido a que la oferta monetaria estaba expandiéndose continuamente, el endeudamiento a corto plazo pudo ser refinanciado de forma ininterrumpida. Los banqueros y empresarios podían beneficiarse sin esfuerzo pidiendo prestado a tipos a corto plazo artificialmente bajos e invirtiendo mientras en proyectos a largo plazo. Cuando el crédito a corto desapareció, rápidamente se produjo una recesión que expuso la carencia de rentabilidad de estos proyectos de inversión a largo plazo (principalmente construcción residencial y fundición de aluminio). El segundo factor que exacerbó el descalce de plazos fue la presencia a nivel mundial de tipos de interés artificialmente bajos; esto permitió a los islandeses financiarse a tipos de interés aún menores. Se volvió algo común pedir préstamos denominadas en yenes japoneses, francos suizos, euros, y dólares americanos. Esta financiación no causaría problemas mientras la corona mantuviera su valor (de hecho, incrementó su valor), pero la fuerte caída del valor de la corona en 2008 terminó rápidamente con la inversión extranjera.

Los empresarios realizan todas las inversiones denominadas en moneda extranjera con un grado de riesgo de tipo de cambio. Como los tipos flotantes pueden ajustarse durante el tiempo desde que un contrato es cerrado hasta que está totalmente pagado, los movimientos del tipo de cambio pueden alterar significativamente la cantidad final a reembolsar. Los empresarios tienen en cuenta esta prima de riesgo añadida, que constituye un desincentivo a financiarse en moneda extranjera de forma excesiva. Los islandeses parecían ignorar este factor de riesgo durante el auge, tomando cantidades desconcertantes de deuda denominada en moneda extranjera y compensándolas con relativamente pocos activos o ingresos extranjeros.

El grado extremo de descalce monetario en que incurrieron los bancos islandeses puede explicarse parcialmente por dos factores.

En primer lugar, muchos inversores, tanto islandeses como extranjeros, consideraban que el Fondo Monetario Internacional sería capaz de proveer estabilidad. Con la presencia de esta garantía implícita, los inversores en divisas podían dormir tranquilos sabiendo que Islandia tenía unas altas probabilidades de ser ayudada cuando o si su economía finalmente decaía.

En segundo lugar, el banco central de Islandia proporcionó una garantía adicional en 2001 cuando prometió explícitamente que actuaría como prestamista de última instancia. Con la seguridad del conocimiento de que las inversiones que salieran mal serían cubiertas, los inversores arrojaron la diligencia debida por la ventana y se comportaron con una exuberancia irracional. Los bancos no podían competir entre ellos sin tomar cada vez más riesgo en las inversiones. Debido a que financiarse en moneda extranjera a un tipo de interés bajo aumenta la rentabilidad, los bancos se enfrentaron a un dilema: o bien tomaban parte en el *boom* sin importar cuán insostenible pudiera parecer, o los competidores que sí se unieran los llevarían a la bancarrota. Pero, aunque el BCI estaba lo suficientemente capitalizado en relación con el sistema bancario islandés previo al auge para funcionar en caso de que la recesión no remitiera rápidamente, estaba deplorablemente infra-capitalizado para asumir una posición de prestamista de última instancia para una industria bancaria ahora mucho más grande. Todavía más importante es que el BCI, que existía en parte para combatir situaciones de insolvencia, se enfrentó a su propia insolvencia cuando fue abrumado por los pasivos de la industria bancaria privada. Como se había comprometido explícitamente a su respaldo, el banco central era responsable de cualquier pérdida del sector privado.

Algunos comentaristas han manifestado que Islandia fue una víctima inocente. Si la restricción crediticia global no hubiera reducido la liquidez, su sistema bancario se conservaría hoy en gran medida intacto.

El jefe de la misión del FMI en Islandia, Mark Flanagan, llegó a decir en una entrevista reciente:

> Dado el gran shock financiero que en última instancia golpeó no solo a Islandia, [*sic*] sino al mundo entero, probablemente no habría sido posible evitar la crisis en la propia Islandia. Y tenemos que reflexionar sobre por qué sucedió esto, y si se podría haber hecho algo más para evitarlo, para asegurarnos de que nunca vuelva a suceder.[1]

---

[1] «Given the large financial shock that ultimately hit not only Iceland, but the entire world, it would probably not have been possible to prevent the crisis in Iceland itself. And we need to think deeply

Nada más lejos de la realidad. El pensar que Islandia fue un inocente observador de la crisis de liquidez de finales de 2008 sería ignorar las políticas económicas de Islandia durante la década anterior, que había fomentado un sistema bancario desmesurado, endeudado, y descalzado en plazos.

La crisis islandesa fue totalmente evitable. Nada surgió en la economía sin previo aviso. Acciones con consecuencias no buscadas, provenientes tanto de los legisladores islandeses como de la comunidad internacional, resultaron en una de las mayores quiebras económicas que agitarían a una economía desarrollada. Los efectos han sido generalizados. La economía se ha sometido a cambios drásticos y tendrá que pasar por muchos más para fortalecer la recuperación. El lenguaje islandés porta algunas huellas de la crisis. «Dos mil siete», el último año de los buenos tiempos previo al colapso, se usa ahora como adjetivo para describir excesos. Los islandeses repudian ahora a alguien que compra un coche nuevo y caro, celebra una fiesta de lujo o toma unas vacaciones exóticas, con la expresión «es tan dos mil siete». «Kreppa», una palabra islandesa usada normalmente para denotar «en apuros» o «meterse en un aprieto» es ahora sinónimo de la crisis financiera.[2]

La tentación de Islandia para unirse a la Unión Monetaria Europea ha sido fuerte en el período que siguió a la peor crisis financiera del siglo XXI. La determinación del público islandés en contra de unirse a la Unión Europea se ha reforzado durante los últimos cinco años, y especialmente desde el comienzo de la crisis. La ilustración 20 muestra una recopilación de varias encuestas públicas preguntando si Islandia debería unirse a la UE. A pesar de esta oposición generalizada entre los votantes, el Alþingi votó el 16 de julio

---

about why this happened, and if more could have been done to prevent it, to make sure it never happens again.» Camilla Andersen, «IMF Backs Iceland As It Struggles with Uncertainty.» IMF Survey Magazine (24 de febrero de 2009)

[2] «Kreppanomics», *The Economist* (9 de octubre de 2008).

de 2009 en favor de negociar la adhesión con la Unión.[3] El gobierno islandés presentó una solicitud formal para incorporarse a la Unión Europea en la misma fecha, con inicio de negociaciones oficiales el 27 de julio de 2010.

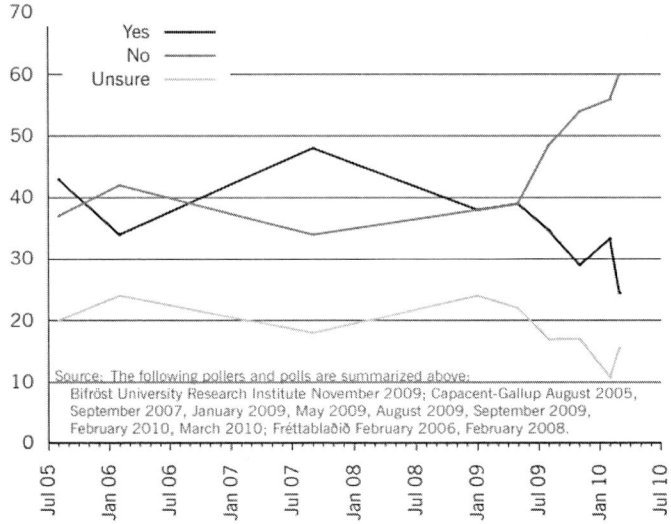

Ilustración 20: Opinión pública sobre la adhesión de Islandia a la UE (agosto de 2005 - febrero de 2010)[4]
Sí – No – Ns/Nc.

Es destacable que Islandia ya goza de ser miembro del mercado único de la UE (desde 1994), y es un miembro del Área Schengen (desde 2001) que elimina todo control fron-

---

[3] De los sesenta y tres votos parlamentarios emitidos, treinta y tres fueron a favor de las negociaciones de adhesión a la UE, veintiocho en contra y dos abstenciones. (EurActiv, «Iceland's Parliament Votes in Favour of EU Talks» [17 de julio 2009]).

[4] Fuentes: Se resumen en los siguientes sondeos y encuestas: Bifröst University Research Institute noviembre de 2009; Capacent-Gallup agosto de 2005, septiembre de 2007, enero de 2009, mayo de 2009, agosto de 2009, septiembre de 2009, febrero de 2010, marzo de 2010; Fréttablaðið febrero de 2006, febrero de 2008.

terizo entre estados miembros. La oposición a incorporarse tanto a la UE como a la Eurozona se mantuvo fuerte durante el auge. El antiguo primer ministro Geir Haarde declaró sus dudas sobre incorporarse a la Unión Europea tan recientemente como el 31 de marzo de 2006, en un discurso ofrecido por la universidad de Islandia, «nuestra política es de no incorporarnos en un futuro próximo. Ni siquiera estamos explorando la pertenencia.»[5] La Unión Europea ha dejado claro que la admisión a la Unión Económica y Monetaria (UEM), con su ulterior adopción del euro, no será posible sin antes ascender a plena pertenencia a la UE. Aunque muchos islandeses ven hoy un creciente atractivo en la adopción del euro, pocos quieren los enredos burocráticos asociados a la pertenencia a la UE.

La presión para incorporarse a la UE, con o sin la adopción del euro, ha estado creciendo. La primera ministra socialdemócrata Jóhanna Sigurðardóttir ha presionado para la adopción del euro como respuesta a las secuelas de la crisis. El primer ministro islandés, Gylfi Magnússon, es favorable al ingreso en la UE como medio para estabilizar la moneda del país, «Los principales beneficios del ingreso en la UE en este momento serían la posibilidad de unirse al mecanismo de cambio del sistema monetario europeo, y finalmente la adopción del euro.»[6] Otro «alto funcionario islandés» ha sido citado diciendo: «La corona [sic] está muerta. Necesitamos una nueva moneda. La única opción seria es el euro.»[7] Así

---

[5] «Our policy is not to join in the foreseeable future. We are not even exploring membership.» Citado de Hjörtur J. Guðmundsson, «Slashing the Rumors: Iceland is Far From Adopting the Euro», TEAM Europe (5 de mayo de 2006).

[6] «The main benefits of EU membership at the moment would be the possibility of joining the exchange rate mechanism, and eventually adopting the euro.» Citado de BBC News, «Iceland Moves Towards Joining EU» (16 de junio de 2009).

[7] «The krona is dead. We need a new currency. The only serious option is the euro.» Citado de Ian Traynor, «Iceland to be Fast-Tracked into the EU», The Guardian (30 de enero de 2009).

como la adopción del euro proporciona una solución rápida al problema de la corona islandesa, el ingreso en la Unión Europea, que como la UE ha dejado claro, será un requisito necesario para el ingreso en la unión monetaria, trae ventajas menos claras.

Llegados a este punto, podemos preguntarnos qué beneficios traería la incorporación a la UE que no estén ya disponibles bajo la inclusión en el Espacio Económico Europeo. «La incorporación a el EEE ha sido positiva para Islandia, que paga relativamente poco a los fondos de la UE, y dirige sus propias políticas agrarias y pesqueras (también escapa a las leyes de la UE que prohíben la caza de ballenas).»[8] En efecto, como ha indicado recientemente el partido político islandés Movimiento de Izquierda-Verde (*Vinstrihreyfingin – grænt frambod*): «Una incorporación a la UE disminuiría la independencia de Islandia todavía más que el acuerdo del EEE y pondría en peligro el control de Islandia sobre sus recursos.»[9] El Comisario Europeo para Asuntos Económicos y financieros Olli Rehn, ha confirmado que el acceso de Islandia a sus recursos podría peligrar, indicando que aunque la adhesión a la UE sería relativamente fácil para Islandia (requiriendo potencialmente menos de un año de negociaciones), no recibiría ningún trato especial. El sistema de cuotas pesqueras y la caza de ballenas serían probablemente asuntos delicados y difíciles de controlar para Islandia durante este tipo de negociaciones. Dado que la industria pesquera representa un treinta y siete por ciento de las exportaciones islandesas y da empleo al ocho por ciento de la población activa, dejar

---

[8] «EEA membership has been good for Iceland, which pays relatively little into EU funds, and runs its own farm and fish policies (it also escapes EU laws banning whaling).» «Iceland Hunts the Euro», *The Economist* (22 de enero de 2009).

[9] «EU-membership would diminish the independence of Iceland even more than the EEA Agreement does and jeopardize Iceland's control over its resources.» Citado de Francesco Rossi, «Iceland's Icesave Referendum: A Possible Outcome Suggested by Electoral Perspective», *Working paper* (2010), p. 15.

que uno de los recursos naturales clave caiga bajo el dominio de la Política Pesquera Común de la UE, sería una causa de preocupación para la pequeña nación isleña.[10]

De hecho, aunque Rehn y otros eurófilos animan a la adhesión de Islandia a la UE, es difícil encontrar ningún motivo. Como el mismo Rehn comentó recientemente sobre la admisión de Islandia: «Es una de las democracias más antiguas del mundo y su posición estratégica y económica sería un activo para la UE.»[11] Es difícil decir exactamente a qué posición económica se refiere Rehn. El país, después de todo, acaba de sufrir el peor colapso económico del siglo XXI, con una recuperación duradera todavía incierta. Islandia posee dos activos importantes que son de interés estratégico para la UE. El primero son las ricas zonas pesqueras que podrían ser integradas en la Política Pesquera Común de la UE para su propio beneficio. El segundo es su situación estratégica en el Atlántico Norte, un aspecto que ha sido explotado por naciones extranjeras con objetivos militares a lo largo de la historia de Islandia. No resulta inmediatamente claro qué ventajas ganaría Islandia al sacrificar alguno de estos recursos para la admisión en la UE. De hecho, como advirtió durante una entrevista con el Wall Street Journal el 17 de octubre de 2008 el antiguo primer ministro y entonces presidente del BCI Davíð Oddsson, «si estuviéramos atados al euro,

---

[10] Leo Cendrowicz, «Iceland's Urgent Bid to Join the E.U.», *Time* (17 de julio de 2009).

[11] «It is one of the oldest democracies in the world and its strategic and economic positions would be an asset to the EU.» Como se cita en Traynor, « Iceland to be Fast-Tracked». Dadas las tenues razones que ahora se esgrimen para promover la adhesión de Islandia a la Unión Europea, las palabras de Gier Haarde de hace casi cinco años parecen proféticas: «Dado que en Islandia el interés por adherirse a la UE ha disminuido más que aumentado en los últimos años, los partidarios se han visto sumidos en una creciente desesperación por conseguir que Islandia entre en la unión. Como consecuencia, intentan aprovechar todas las oportunidades imaginables e inimaginables para plantear la cuestión de la UE, con resultados catastróficos.» (citado de Guðmundsson, «Slashing the Rumors»).

… simplemente tendríamos que someternos a las leyes de Alemania y Francia.»

Lo que es más importante, no está totalmente claro que la admisión a la Unión Europea, o la adopción del euro, hubiera evitado el drama actual de Islandia. Otros países periféricos de la UE sufrieron un boom como el de Islandia, y todavía se encuentran en medio de la recuperación. Los países PIIGS (Portugal, Irlanda, Italia, Grecia y España) no fueron inmunes a estas causas. Islandia puede haber sufrido en manos de un banco central excesivamente exuberante, pero este factor no sería eliminado sacrificando sus decisiones monetarias al BCE en Frankfurt. De hecho, durante varios de los años previos a esta crisis, el banco central de Islandia modeló sus reglas de liquidez en base a las del BCE. Podríamos decir que estaban solo mayoritariamente modeladas siguiendo al BCE porque durante un buen periodo de tiempo las reglas de Islandia fueron más restrictivas que las del BCE.[12] El BCI solo flexibilizó estas reglas en las últimas etapas del auge en un intento de asemejarse a aquellas que existían dentro de la jurisdicción del BCE (por ejemplo, en términos de requisitos de garantías). La prolífica impresión de dinero del BCE fluyó hacia Islandia principalmente por una reducción en la prima de riesgo que los inversores estaban dispuestos a aplicar a la financiación de Islandia. La adhesión al área monetaria común hubiera conseguido, si acaso, aumentar la soltura con la que la política de crédito fácil de Frankfurt habría sido transferida a Reikiavik.

Tampoco está claro que la Unión Europea fuera a estar más receptiva a proporcionar fondos de emergencia cuando llegara el momento de combatir la crisis. La situación griega demostró ser un complicado apaño político durante los primeros meses de 2010. Al fin y al cabo, la UE no fue la única en rescatar a los endeudados griegos. El FMI también fue requerido para proveer préstamos de emergencia. Aunque

---

[12] Friðriksson, «The Banking Crisis», p. 7.

es una solución plausible para la crisis que nos ocupa, la incorporación a la UE tiene una menos que estelar trayectoria histórica en los últimos años cuando se trata de crisis en los estados miembros existentes. Tampoco es inmediatamente aparente que la UE tenga los fondos para ocuparse de las crisis existentes, no se hable ya de una nueva en el Atlántico Norte.

El destino de Islandia está sellado. Un auge insostenible tiene ahora que dar lugar a una recesión depuradora que limpie los desequilibrios creados en el sistema a lo largo de la década anterior. Solo entonces puede empezar la vuelta a una recuperación sostenible y al crecimiento. Con la sostenibilidad a corto plazo de Islandia más o menos proporcionada a través de los préstamos de emergencia y acuerdos swap, debemos centrarnos en el objetivo a largo plazo de crecimiento. Abordar los factores monetarios que permitieron el desarrollo de tan desproporcionadamente grande sistema bancario, es esencial para la recuperación. La tragedia de Islandia no habría sido posible en un sistema monetario y financiero libre. Los comentaristas que afirmaron que las «reformas de libre mercado» fueron las causantes de la crisis, deberían identificar una causa muy diferente. La valoración de Peter Gumbel en diciembre de 2008, escrita para la CNN, de que Islandia se había convertido en un «fondo de inversión gigante» como resultado de las reformas del anterior primer ministro Davíð Oddsson, yerra al olvidarse de una cuestión fundamental. La razón por la que un diminuto país isleño pudo convertirse en un jugador importante en las finanzas globales fue debido a factores monetarios. Las políticas de dinero fácil tanto en casa como en el extranjero, junto con las garantías políticas (una socialización de las pérdidas en la práctica) pervirtieron la estructura de incentivos de la que fuera discreta nación. La naturaleza política de las políticas monetarias de Islandia resulta ahora evidente. Un sistema bancario al que le fue otorgado el privilegio legal del empleo de reserva fraccionaria engendró una nación de deudores prolíficos y de tomadores de riesgo excesivo.

Bajo un patrón de dinero mercancía y reserva del 100% (un patrón oro 100%, por ejemplo) la expansión crediticia es, por definición, imposible. Si los bancos están obligados a cumplir unos principios jurídicos (tradicionales) de probada eficacia y a mantener el 100% de reservas de sus depósitos a la vista, no pueden crear dinero de la nada. Incluso un patrón oro con reserva fraccionaria como el sistema monetario que prevaleció antes de la Primera Guerra Mundial habría limitado la expansión crediticia.

Lo que es más importante, habría sido eliminado el explosivo ingrediente del descalce monetario. Si el mundo hubiera funcionado con un patrón oro, el descalce monetario y sus peligros habrían sido imposibles. Islandia no podría haberse endeudado masivamente en el corto plazo en su moneda doméstica o en monedas extranjeras descalzadas, ya que ambas monedas habrían sido oro. Los bancos habrían permanecido solventes. Incluso si un banco individual hubiera entrado en problemas, su pequeño tamaño habría hecho que las repercusiones económicas fueran razonablemente manejables si una inyección de capital desde el mercado hubiera sido necesaria. La financiación se habría visto restringida, tanto en magnitud como en contraparte. No se hubiera generado un boom ni en el mercado de valores ni en el mercado residencial.

Los tipos de cambio extranjeros habrían permanecido fijos de acuerdo con el contenido en oro de sus monedas. La corona-oro islandesa solo habría fluctuado de forma inapreciable en relación con las otras divisas-oro. Las pequeñas fluctuaciones habrían desencadenado flujos opuestos de oro, lo que habría arbitrado las divisas-oro en línea con su contenido en oro. Consecuentemente, Islandia nunca habría desarrollado un sector financiero distorsionado. El sobreconsumo nunca habría reinado, la moneda no habría colapsado, y no se hubieran dado problemas de importación. Fue el paso del gobierno islandés alejándose de los principios de libre mercado y dirigiéndose al intervencionismo gubernamental lo que creó el marco para la espectacular tragedia islandesa. Únicamente los principios de libre mercado y la restauración de los derechos de propiedad en el ámbito monetario evitarán tragedias como esta en el futuro.

BIBLIOGRAFÍA

Adrian, Tobias, y Hyun Song Shin. 2008. Financial Intermediaries, Financial Stability, y Monetary Policy. Paper presented at the Federal Reserve Bank of Kansas City Symposium at Jackson Hole August 21–23. [Available] http://www.kc.frb.org/publicat/sympos/2008/Shin.08.06.08.pdf.

Andersen, Camilla. 2008. «Iceland Gets Help to Recover from Historic Crisis.» *IMF Survey Magazine* 37, no. 12 (December 2). [Available] http://www.imf.org/external/pubs/ft/survey/so/2008/int111908a.htm

Andersen, Camilla. 2009. «IMF Backs Iceland As It Struggles with Uncertainty.» IMF Survey Magazine, February 2009 [Available] https://www.imf.org/en/News/Articles/2015/09/28/04/53/soint022409a

Aninat, Eduardo. 2001. IMF Welcomes Flotation of Iceland's Króna. *IMF News Brief* no. 01/29, March 28. [Available] http://www.imf.org/external/np/sec/nb/2001/nb0129.htm

Bagus, Philipp. 2007. «Asset Prices–An Austrian Perspective.» *Procesos de Mercado: Revista Europea de Economía Política* 4, no. 2, pp. 57 –93.

Bagus, Philipp. 2009. «Monetary Policy as Bad Medicine: The Volatile Relationship Between Business Cycles y Asset Prices.» *Review of Austrian Economics* 21, no. 4, pp. 283 –300.

Bagus, Philipp. 2010. «Austrian Business Cycle Theory: Are 100 Percent Reserves Sufficient to Prevent a Business Cycle?» *Libertarian Papers* 2, no. 2.

Bagus, Philipp, y David Howden. 2009a. «Iceland's Banking Crisis: The Meltdown of an Interventionist Financial

System.» *Ludwig von Mises Institute, Daily Article*. June 9. [Available] http://mises.org/story/3499

Bagus, Philipp, y David Howden. 2009b. «*Qualitative* Easing in Support of a Tumbling Financial System: A Look at the Eurosystem's Recent Balance Sheet Policies.» *Economic Affairs* 29, no. 4, pp. 60–65.

Bagus, Philipp, y David Howden. 2009c. «The Legitimacy of Loan Maturity Mismatching: A Risky, but Not Fraudulent, Undertaking.» *The Journal of Business Ethics* 90, no. 3, pp. 399–406.

Bagus, Philipp, y David Howden. 2009d. «The Federal Reserve y Eurosystem's Balance Sheet Policies During the Financial Crisis: A Comparative Analysis.» *Romanian Economic y Business Review* 4, no. 3, pp. 165-85.

Bagus, Philipp, y David Howden. 2010. «The Term Structure of Savings, the Yield Curve, y Maturity Mismatching.» *Quarterly Journal of Austrian Economics* 13, no. 3, pp. 64-85.

Bagus, Philipp, y Markus H. Schiml. 2009. «New Modes of Monetary Policy: Qualitative Easing by the Fed.» *Economic Affairs* 29, no. 2, pp. 46–49.

BBC News. 2009. Iceland moves towards joining EU. July 16. [Available] http://news.bbc.co.uk/1/hi/8153139.stm

Böhm-Bawerk, Eugen von. [1889] 1959. Capital y Interest. Vol. 2: Positive Theory of Capital. South Holland, Ill.: Libertarian Press.

Boorman, Jack. 2000. «On the Financial Role of the IMF.» In *Reforming the International Monetary System*, edited by Peter B. Kenen y Alexander K. Swoboda, pp. 366–369. Washington, D.C.: International Monetary Fund.

Borio, Claudio, y Piti Disyatat. 2010. «Unconventional Monetary Policies: An Appraisal.» *The Manchester School* 78 (September), pp. 53–89.

Boyes, Roger. 2009. *Meltdown Iceland: Lessons on the World Financial Crisis from a Small Bankrupt Island*. New York, Berlin, Londres: Bloomsbury USA.

Buiter, The Stunning Collapse of Iceland.» Bloomberg Business Week on msnbc.com, October 10. [Available]

Willem H. Buiter, 2008. Can Central Banks Go Broke? *Centre for Economic Policy Research Policy Insight* no. 24 (May).

Buiter, Willem H., y Anne Sibert. 2008. The Icelandic Banking Crisis y What to Do About It: The Lender of Last Resort Theory of Optimal Currency Areas. *Centre for Economic Policy Research Policy Insight* no. 26 (October).

Calvo, Guillermo A. 1998. «Capital Flows y Capital-Market Crises: The Simple Economics of Sudden Stops.» *Journal of Applied Economics* 1, pp. 35–54.

Capell, Kerry. 2008. «The Stunning Collapse of Iceland.» *Bloomberg Businessweek* on msnbc.com, October 10. [Available] http://www.msnbc.msn.com/id/27104617/

Capie, Forrest. 1998. «Can There Be an International Lender-of-Last-Resort?» *International Finance* 1, no. 2, pp. 311–325.

Caruana, Jaime, y Ajai Chopra. 2008. Iceland: Financial System Stability Assessment–Update. IMF Country Report no. 08/368. [Available] http://www.imf.org/external/pubs/ft/scr/2008/cr08368.pdf

Cendrowicz, Leo. 2009. Iceland's Urgent Bid to Join the E.U.. *Time*, July 17. [Available] http://www.time.com/time/world/article/0,8599,1911188,00.html

Central Bank of Iceland. 2001. New Act on the Central Bank of Iceland. Press Release November 13. [Available] http://www.sedlabanki.is/?PageID=287&NewsID=25

Central Bank of Iceland. 2008a. New Rules on Foreign Exchange Balance. Press release no. 18/2008. June 4. [Available] http://www.sedlabanki.is/?PageID=287&NewsID=1795

Central Bank of Iceland. 2008b. Temporary Modifications in Currency Outflow. October 10. [Available] http://www.sedlabanki.is/?PageID=287&NewsID=1892

Central Bank of Iceland. 2009. *Monetary Bulletin* 11, no. 4. [Available] http://www.sedlabanki.is/?PageID=1064

Central Bank of Iceland. 2010. *Monetary Bulletin* 12, no. 2. [Available] http://www.sedlabanki.is/?PageID=1095

Chari, Varadarajan V., y Patrick Kehoe. 1999. «Asking the Right Questions About the IMF.» *Federal Reserve Bank of Minneapolis, Annual Report* pp. 3–26.

Cohen, Daniel, y Richard Portes. 2009. «Toward a Lender of First Resort». International Monetary Fund Working Paper WP/06/66.

Danielsson, Jon. 2008. «The First Casualty of the Crisis: Iceland.» *VoxEU*, November 12. [Available] http://www.voxeu.org/index.php?q=node/2549

Diamond, Douglas W., y Philip H. Dybvig. 1983. «Bank Runs, Deposit Insurance, y Liquidity.» *Journal of Political Economy* 91, no. 3, pp. 401–19.

Eichengreen, Barry. 1999. *Toward a New International Financial Architecture: A Practical Post-Asia Agenda.* Washington, D.C.: Institute for International Economics.

Eichengreen, Barry, y Christof Rülf. 2001. «The Bail-In Problem: Systematic Goals, Ad Hoc Means.» *Economic Systems* 25, no. 1, pp. 3–32.

Elíasson, Lúdvík, y Thórarinn G. Pétursson. 2006. The Residential Housing Market in Iceland: Analysing the Effects of the Recent Mortgage Market Restructuring. Central Bank of Iceland Working Paper no. 29.

Engles, Frank. 2001. Iceland: Selected Issues y Statistical Appendix. IMF Country Report no. 01/82. [Available] http://www.imf.org/external/pubs/cat/longres.cfm?sk=4090.0

Engles, Frank, y Michael Gapen. 2002. Iceland: Selected Issues. IMF Country Report no. 02/129. [Available] http://www.imf.org/external/pubs/cat/longres.cfm?sk=15916.0

EurActiv. 2009. Iceland's parliament votes in favour of EU talks. July 17. [Available] http://www.euractiv.com/en/enlargement/iceland-parliament-votes-favour-eu-talks/article-184202#

Fischer, Stanley. 1999. «On the Need for an International Lender of Last Resort.» *Journal of Economic Perspectives* 13, pp. 85–104.

Frankel, Jeffrey A. 1999. International Lender of Last Resort. Presented at the Federal Reserve Bank of Boston Conference «Rethinking the International Monetary System,» June 7–9. [Available] http://papers.ssrn.com/sol3/papers.cfm?abstract_id=209318

Fratianni, Michele, y John Pattison. 2001. «The Bank for International Settlements: An Assessment of Its Role in International Monetary y Financial Policy Coordination.» *Open Economies Review* 12, no. 2, pp. 197–222.

Freixas, Xavier, y Jean-Charles Rochet. 2008. *Microeconomics of Banking*. Second edition. Cambridge, Mass.: MIT Press.

Friðriksson, Ingimundur. 2009. «The Banking Crisis in Iceland in 2008.» *BIS Review* 22. [Available] http://www.bis.org/review/r090226d.pdf

Fry, Maxwell J. 1992. «Can Central Banks Go Bust?» *The Manchester School of Economics y Social Studies* 60 (Supplement), pp. 85–98.

Garrison, Roger W. 2001. *Time y Money: The Macroeconomics of Capital Structure*. Londres: Routledge.

Garrison, Roger W. 2004. «Overconsumption y Forced Saving in the Mises-Hayek Theory of the Business Cycle.» *History of Political Economy* 36, no. 2), pp. 323-349.

Gilpin, Robert. 2000. *The Challenge of Global Capitalism: The World Economy in the Twenty-First Century*. Princeton, N.J.: Princeton University Press.

Grauwe, Paul de. 2008. «Returning to narrow banking.» In *What G20 Leaders Must Do to Stabilize Our Economy y Fix the Financial System*, edited by Barry Eichengreen y Richard Baldwin, pp. 37–39. Londres: Centre for Economic Policy Research.

Gumbel, Peter. 2008. «Iceland: The Country That Became a Hedge Fund.» CNN Money, December 4. [Available] http://money.cnn.com/2008/12/01/magazines/fortune/iceland_gumbel.fortune/index.htm

Guðmundsson, Hjörtur J. 2006. Slashing the rumors: Iceland is far from adopting the euro. TEAM Europe, May 5. [Available] http://www.teameurope.info/node/91

Haarde, Geir H. 2008. Address to the Nation. Prime Minister's Office. October 6. [Available] http://eng.forsaetisraduneyti.is/news-and-articles/nr/3035

Hayek, F.A. 1931. *Prices y Production*. Londres: Routledge.

Hayek, F.A. [1939] 1975. *Profits, Interest, y Investment*. New York: Kelley.

Honjo, Keiko, y Benjamin Hunt. 2006. Stabilizing Inflation in Iceland. IMF Working Paper WP/06/262. [Available] http://www.imf.org/external/pubs/ft/wp/2006/wp06262.pdf

Honjo, Keiko, y Srobona Mitra. 2006. Iceland: Selected Issues. IMF Country Report no. 06/297. [Available] http://www.imf.org/external/pubs/ft/scr/2006/cr06297.pdf

Howden, David. 2010. «Knowledge Shifts y the Business Cycle: When Boom Turns to Bust.» *Review of Austrian Economics* 23, no.2, pp. 165–182.

Hübner, Otto. 1854. *Die Banken*. Leipzig: Verlag von Heinrich Hübner.

Huerta de Soto, Jesús. [2006] 2009. *Money, Bank Credit, y Economic Cycles*. Second edition. Auburn, Ala.: Ludwig von Mises Institute.

Hülsmann, Jörg Guido. 1998. «Toward a General Theory of Error Cycles.» *Quarterly Journal of Austrian Economics* 1, no.4, pp. 1–23.

Hülsmann, Jörg Guido. 2008. *The Ethics of Money Production*. Auburn, Ala.: Ludwig von Mises Institute.

Hunt, Benjamin, Robert Tchaidze, y Ann-Margret Westin. 2005. Iceland: Selected Issues. IMF Country Report no. 05/366. [Available] http://www.imf.org/external/pubs/ft/scr/2005/cr05366.pdf

Iceland Review. 2009. Salary Cuts for 14 Precent of Wage Earners. January 14th. [Available] http://www.icelandreview.com/

International Monetary Fund. 2004. Iceland—2004 Staff Visit Concluding Statement. October 25. [Available] http://www.imf.org/external/np/ms/2004/102504.htm

International Monetary Fund. 2005. Iceland–2005 Article IV Consultation Concluding Statement. June 13. [Available] http://www.imf.org/external/np/ms/2005/061305.htm

International Monetary Fund. 2008. Iceland: Article IV Consultation–Staff Report; Staff Supplement; Public Information Notice on the Executive Board Discussion; y Statement by the Executive Director for Iceland. IMF Country Report no. 08/367. [Available] http://www.imf.org/external/pubs/ft/scr/2008/cr08367.pdf

International Monetary Fund. 2009. Review of Recent Crisis Programs. September 14. [Available] http://www.imf.org/external/np/pp/eng/2009/091409.pdf

Íslandsbanki. 2005. ÍSB Weekly, July 26.

Jeanne, Olivier, y Lars E. O. Svensson. 2007. «Credible Commitment to Optimal Escape from a Liquidity Trap: The Role of the Balance Sheet of an Independent Central Bank.» *American Economic Review* 97, no. 1, pp. 474–490.

Jónsson, Ásgeir. 2009. *Why Iceland?: How One of the World's Smallest Countries Became the Meltdown's Biggest Casualty.* New York: McGraw Hill.

Kapur, Devesh. 1998. «The IMF: A Cure or a Curse?» *Foreign Policy* 111 (summer) pp. 114–129.

Knies, Karl. 1876. *Geld und Kredit.* Vol. 2. Berlin: Weidmann'sche Buchhandlung.

«Iceland hunts the euro.» 2009. *The Economist*, January 22.

«Kreppanomics.» 2008. *The Economist*, October 9.

Krueger, Anne O. 2004. The IMF at Sixty: What Role for the Future? Lecture at the Central Bank of Iceland, Reykjavik, June 24. [Available] http://www.imf.org/external/np/speeches/2004/062404.htm

Krugman, Paul. 2010. «The Icelandic Post-Crisis Miracle.» *The New York Times*, June 30. [Available] http://krugman.blogs.nytimes.com/2010/06/30/the-icelandic-post-crisis-miracle/

Kupiec, Paul. 2003. Iceland: Financial System Stability Assessment Update, including Report on the Observance y Standards y Codes on the following topics: Banking Supervision, Insurance Regulation, Securities Regulation, Payment Systems, y Monetary y Financial Policy Transparency. IMF Country Report no. 03/271. [Available] http://www.imf.org/external/pubs/ft/scr/2003/cr03271.pdf

Lewis, Michael. [2009] 2010. Wall Street on the Tundra: The Implosion of Iceland's Economy. Reprinted in *The Great Hangover: 21 Tales of the New Recession*, edited by Graydon Carter, pp. 203-228. New York: Harper Perennial.

Lipton, David. 2000. «Refocusing the Role of the International Monetary Fund.» In *Reforming the International Monetary System*, edited by Peter B. Kenen y Alexander K. Swoboda, pp. 345–365. Washington, D.C.: International Monetary Fund.

Mason, Rowena. 2008. «U.K. Treasury Lends Iceland £2.2 Billion to Compensate Icesave Customers.» *The Telegraph*, November 20. [Available] http://www.telegraph.co.uk/finance/financetopics/financialcrisis/3491442/UK-Treasury-lends-Iceland-2.2bn-to-compensate-Icesave-customers.html

McVeigh, Tracy. 2008. «The Party's Over for Iceland, the Island That Tried to Buy the World.» *The Guardian*, October 5. [Available] http://www.guardian.co.uk/world/2008/oct/05/iceland.creditcrunch

Meese, Richard A. 1990. «Currency Fluctuations in the Post–Bretton Woods Era.» *Journal of Economic Perspectives* 4, no. 1, pp. 117–134.

Meese, Richard A., y Kenneth Rogoff. 1983. «Empirical Exchange Rate Models of the Seventies: Do They Fit Out of Sample?» *Journal of International Economics* 14, pp. 3–24.

Milne, Alistar. 2009. *The Fall of the House of Credit. What Went Wrong in Banking y What Can Be Done to Repair the Damage?* Cambridge, U.K.: Cambridge University Press.

Mises, Ludwig von. [1912] 1953. *The Theory of Money y Credit*. New Haven, Conn.: Yale University Press.

Mises, Ludwig von. [1942] 2007. Inflation y You. In *Economic Freedom y Intervention: An Anthology of Articles y Essays*, edited by Bettina Bien Greaves, pp. 83-87. Indianapolis: Liberty Fund.

Mises, Ludwig von. 1943. «'Elastic Expectations' y the Austrian Theory of the Trade Cycle.» *Economica*, n.s., 10, no. 39, pp. 251–252.

Mises, Ludwig von. [1949] 1998. *Human Action: A Treatise on Economics*. Auburn, Ala.: Ludwig von Mises Institute.

Obstfeld, Maurice. 2009. Lenders of Last Resort in a Globalized World. Keynote address, International Conference of the Institute for Monetary y Economic Studies. Tokyo, Bank of Japan, May 27–28. [Available] http://www.imes.boj.or.jp/english/publication/edps/2009/09-E-18.pdf

Oddsson, Davíð. 2008. Excerpts: Iceland's Oddsson. Wall Street Journal, October 17. [Available] http://online.wsj.com/article/SB122418335729241577.html?mod=googlenews_wsj#articleTabs%3Darticle

Ong, Li Lian, y Martin Čihák. 2010. Of Runes y Sagas: Perspectives on Liquidity Stress Testing Using an Icelandic Example. IMF working paper WP/10/156. [Available] http://www.imf.org/external/pubs/ft/wp/2010/wp10156.pdf

Pétursson, Thórarinn G. 2001. The Transmission Mechanism of Monetary Policy: Analyzing the Financial Market Pass-Through. Central Bank of Iceland Working Paper no. 14. [Available] http://cb.is/uploads/files/wp-14.pdf

Pétursson, Thórarinn G. 2002. Wage y Price Formation in a Small Open Economy: Evidence from Iceland. Central Bank of Iceland Working Paper no. 16. [Available] http://www.sedlabanki.is/uploads/files/wp-16.pdf

Preston, Robert. 2008. «Markets Call Time on Iceland.» *BBC News*, October 4. [Available] http://www.bbc.co.uk/blogs/

thereporters/robertpeston/2008/10/creditors_call_time_on_iceland.html

Rallo, Juan Ramón. 2009. «¿Qué pasó en Islandia?» *La Ilustración Liberal* 41, pp. 43–49.

Rossi, Francesco. 2010. Iceland's Icesave Rewferendum: A Possible Outcome Suggested by Electoral Perspective. Working paper. [Available] http://www.electoralgeography.com/new/en/wp-content/uploads/2010/03/rossi-iceland.pdf

Rothbard, Murray N. 2008. *The Mystery of Banking*. Second edition. Auburn, Ala.: Ludwig von Mises Institute.

Roubini, Nouriel, y Brad Setser. 2004. *Bailouts or Bail-Ins? Responding to Financial Crises in Emerging Economies.* Washington, D.C.: Institute for International Economics.

Shin, Hyun Song. 2009. «Reflections on Northern Rock: The Bank Run That Heralded the Global Financial Crisis.» *Journal of Economic Perspectives* 23, no. 1, pp. 101–19.

Skarphéðinsson, Össur. 2008. «Informe 751: Ministro de Industria sobre el costo de Kárahnjúkavirkjun, según solicitud.» Documento Parlamentario 751, caso 114. Presentado ante el Alþingi en la 135ª sesión legislativa 2007–2008. https://www.althingi.is/altext/pdf/135/s/0751.pdf

Stiglitz, Joseph E. 2003. *Globalization y Its Discontents*. New York: W.W. Norton y Company.

Strigl, Richard von. [1934] 2000. *Capital y Production*. Translated by M. Hoppe y H. Hoppe. Auburn, Ala: Ludwig von Mises Institute.

Tchaidze, Robert, Anthony Annett, y Li Lian Ong. 2007. Iceland: Selected Issues. IMF Country Report no. 07/296. [Available] http://www.imf.org/external/pubs/ft/scr/2007/cr07296.pdf

Thorvaldsson, Armann. 2009. *Frozen Assets: How I Lived Iceland's Boom y Bust*. Chichester, U.K.: John Wiley y Sons.

Traynor, Ian. 2009. Iceland to be fast-tracked into the EU. *The Guardian*, January 30. [Available] http://www.guardian.co.uk/world/2009/jan/30/iceland-join-eu

ÍNDICE DE NOMBRES

**Para más información,
véase nuestra página web**
www.unioneditorial.es